철학,
자유에 이르는 길

철학, 자유에 이르는 길

1판 1쇄 인쇄 2025. 9. 15.
1판 1쇄 발행 2025. 9. 22.

지은이 김익한

발행인 박강휘
편집 이한경 | **디자인** 유향주 | **마케팅** 김새로미 | **홍보** 강원모
발행처 김영사
등록 1979년 5월 17일(제406-2003-036호)
주소 경기도 파주시 문발로 197(문발동) 우편번호 10881
전화 마케팅부 031)955-3100, 편집부 031)955-3200 | **팩스** 031)955-3111

저작권자 ⓒ 김익한, 2025
이 책은 저작권법에 의해 보호를 받는 저작물이므로
저자와 출판사의 허락 없이 내용의 일부를 인용하거나 발췌하는 것을 금합니다.

값은 뒤표지에 있습니다.
ISBN 979-11-7332-332-4 03100

홈페이지 www.gimmyoung.com   블로그 blog.naver.com/gybook
인스타그램 instagram.com/gimmyoung   이메일 bestbook@gimmyoung.com

좋은 독자가 좋은 책을 만듭니다.
김영사는 독자 여러분의 의견에 항상 귀 기울이고 있습니다.

표지 이미지 Claude Monet, *Nymphéas*, 1908

김익한 교수의 읽고 쓰는 실천 인문학

철학, 자유에 이르는 길

철학을 위해 읽고 자유를 위해 쓰다

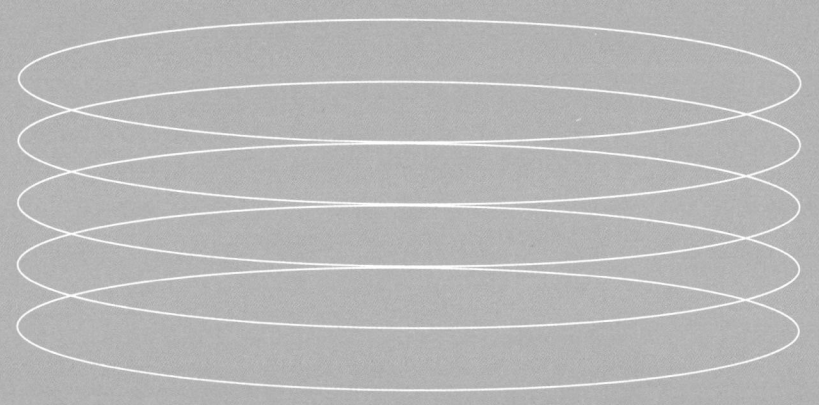

김익한 지음

김영사

자유는 우리가 세상에 태어난 이유이며,
행복한 삶을 향한 가장 본질적인 길이다.
나는 그것을 믿는다.

차례

프롤로그 _ 당신은 자유로우신가요? 8

1부 탐색 _ 나는 왜 자유롭지 않은가

1 어른이 되면 원하는 걸 다 하며 살 수 있을까 16
우리는 자유를 배우지 못했다

2 자유는 왜 생존의 문제인가 23
존 스튜어트 밀과 함께 자유에 이름을 붙이다

3 나의 역할은 나를 억누르는가 36
무대 위의 나를 관찰하는 또 다른 시선, 메타인지

4 이 욕망은 정말 나의 것인가 46
허세, 위선, 타인의 시선에 대하여

5 내가 만든 지옥에서 탈출하기 58
내 안의 감독관으로부터 홀로서기

2부 변화 _ 나를 묶는 것들과의 결별

6 내가 행복할 수 있는 속도와 방향은? 76
자기계발이라는 신화와 허상

7 성장은 목표 달성과 경쟁이 아니다 90
자기계발이 아니라 생성의 시간

- **8** 거대한 구조 앞에서 무엇을 할 수 있는가 102
  구조의 희생자가 아닌, 전략가가 되기로 했다

- **9** 정상이라는 이름의 굴레 115
  윤리, 규범, 사회의 모범 답안을 다시 묻다

- **10** 인간은 왜 관계 속에서 고뇌하는가 128
  쿨 트러스트와 건강한 거리 두기

- **11** 가족이라는 이름의 무게 143
  해방과 재구성의 심리적 실험

- **12** 돈과 생계로부터의 자유 158
  생계 너머, 나만의 '가치 성전'을 짓다

3부 성장 _ 마침내, 이타적 개인주의자의 길

- **13** 누가 내 삶의 이야기를 쓰는가 174
  기록으로 과거를 구원하고, 현재를 살다

- **14** 생각이 나를 지배할 때 186
  생각의 자동항해를 멈추는 의식적인 연습

- **15** 홀로 선 개인은 어디로 가야 하는가 199
  완전한 자유는 따뜻한 연대 속에 있다

에필로그 _ 홀로 단단하게, 함께 따뜻하게 211
부록 _ 자유로 가는 행동지침 216
부록 _ 확장해서 읽기를 권하는 15권의 책 221

> 프롤로그

당신은 자유로우신가요?

"자유, 사랑, 정의."

스무 해 전쯤, 아이가 초등학교에서 '가훈을 적어오라'는 숙제를 받아왔다. 다른 집엔 집안 고유의 가르침이라고 할 만한 멋진 문장이 정해져 있을지 모르지만, 각자의 인생관을 존중하던 우리 집에 그런 것이 있을 리 없었다. 그래서 나는 내가 좋아하는 세 단어를 써주었다.

다음 날, 아이는 투덜거리며 돌아왔다. "선생님도 친구들도 다 웃었어." 가훈 대신 내 인생철학을 써서 보냈으니, 어쩌면 당연한 반응이었는지도 모른다. 그래도 내가 생각하는 으뜸 가치인 '자유'를 공식적으로 가훈에 넣은 나는 혼자 뿌듯했다.

지금도 나는 자유를 사랑한다. 가능한 한 자주 '자유'라는 단어를 떠올린다. 그 습관이 지금의 나를 만들었다고 해도 과언이 아니다. 자유는 마음속 깊은 곳에서 외쳐대는 '나 자신의 삶'으로 나를 이끌어주었다. 과잉 친절에서, 비겁한 복종에서, 때로는 나태함으로부터도 나를 지켜주었다. 나를 몰두하게 했고, 성취의 기쁨도 알려주었다. 그래서 지금, 이 글을 읽는 여러분께도 묻고 싶다.

"당신은 지금 자유로우신가요?"

우리는 자유롭지 않다고 느끼는 순간이 많다. 구조의 압박, 타인의 시선은 물론이고, 심지어 스스로 세운 목표조차 우리를 옭아맨다. 회사의 규정이나 집안 분위기, SNS 속 '좋아요'와 비교의 눈초리는 진짜 내가 원하는 것이 무엇이었는지를 잊게 만든다. 윤리라는 이름의 무게, 머릿속 허상이라는 짐까지 더해진다.

우리는 그것들이 어디서 왔는지조차 알지 못한 채로 고단한 하루를 살아간다. 니체가 말한 낙타처럼, 내 의지와 상관없이 지워진 의무와 가치를 숙명이라 여기며 묵묵히 짐을 지고 사막을 걷는 삶. 만약 내가 그 낙타라면, 삶은 얼마나 무기력하고 허망할까.

이 책은 기록학자로 살아온 내가 틈틈이 '자유'를 공부하고

실천하며 얻은 깨달음을 정리한 이야기다. 어른이 되면 더 자유로울 수 있을 거라고 생각했다. 하지만 현실은 달랐다. 어른이 될수록 더 많은 규범과 책임이 나를 가뒀다. 그래서 나는 지금도 착하게 살아가는 어른들에게 이 이야기를 전하고 싶었다. 환경에 휘둘리고, 책임에 짓눌리고, 양보와 미덕이라는 이름으로 자기를 억누르며 "어른이니까 참아야지"라고 말하는 이들에게 인문학적 사유와 기록 실천이 우리를 다시 숨 쉬게 할 수 있다고 귀띔해주고 싶었다.

나에게 자유의 본질을 처음 일깨워준 것은 존 스튜어트 밀의 《자유론》이었다. 시민적·사회적 자유를 논한 《자유론》을 처음 읽었을 때의 감동을 나는 잊을 수 없다. '독서란 이런 것이구나' 싶었던 그 감흥을 사람들과 나누고 싶다. 많은 사람이 멀게만 느끼는 사상과 철학이 사실은 우리 삶에 아주 가까이 있다는 사실도 함께 전하고 싶다. 그래서 나는 이 책 안에 내게 자유의 넓이와 깊이를 확장해준 에리히 프롬, 어빙 고프먼, 미셸 푸코, 마사 누스바움, 한병철, 미셸 배럿, 브뤼노 라투르, 이반 일리치 같은 이름들을 담았다.

미리 말해두자면, 이들의 책은 결코 어렵기만 하지 않다. 짧고 쉬운 자기계발서에 익숙한 사람들도, 조금만 진지하게 읽기 시작하면 곧 이들과의 만남이 생각보다 친근하고 매력적이라는 걸 알게 될 것이다. 그래서 나는 본문 곳곳에 그들의 책 제목과 간략한 소개를 함께 담았다. 이 책을 다 읽고 난 뒤, 진정한 자유를 고민하는 또 다른 스승들을 이어서 만나보길 바란다.

더불어 나는 이 책에서 사유만이 아니라, 오랫동안 나를 지탱해온 '기록'이라는 실천도 함께 풀어냈다. 나를 알게 모르게 옭아맸던 수많은 함정에서 벗어날 수 있었던 가장 큰 힘은 기록이었다. 아무리 좋은 말을 듣고 훌륭한 책을 읽더라도, 그것을 나의 언어로 기록하지 않으면 그 울림은 금세 사라져버렸다. 기록은 내면을 들여다보는 창이었고, 자유라는 가치를 다시 떠올리게 하는 꾸준한 자극이었다. 나는 늘 '내가 왜 이 선택을 했지?'라는 질문을 던졌고, 짧게 키워드를 적고 또 적었다. 그렇게 해서 관성적인 자동항해가 멈추고 주관자로서의 수동항해가 시작되었다. 그래서 나는 기록의 힘을 믿는다.

이 책은 자유를 단순히 이론으로만 설명하려는 것이 아니다. 나는 이 책을 통해 기록과 함께 만들어가는 실천의 이야기를 전하고 싶다. 독자들이 직접 따라 해보며 '아, 이런 식으로도 나를 돌아볼 수 있구나' 느끼기를 바란다. 자유로워지기 위해 읽고, 생각하고, 기록하고, 약간의 용기를 내 실천해보기를 바란다. 우리가 일상에서 맞닥뜨리는 수많은 속박에서 하나씩 벗어나 스스로 해방감을 경험하기를 바란다.

이미 어른이 된 후에 가훈이나 좌우명을 생각하는 것이 어쩌면 늦은 일처럼 느껴질 수도 있다. 하지만 나는 '자유'라는 이 감동적인 단어 하나만으로도 삶은 충분히 변화할 수 있다고 생각한다. **자유는 우리가 세상에 태어난 이유이며, 행복한 삶을 향한 가장 본질적인 길이다. 나는 그것을 믿는다.** 더 미루다 보면, 내 인생은 어느새 타인의 것이 되어버릴지도 모른다. 타인의 욕망을 내 욕망으로 착각하며 살아가는 삶, 의미 없이 휘둘리는 삶에서 이제는 벗어나자.

본디 어른이 된다는 것은 더 이상 누가 대신 결정해주지 않는다는 뜻이다. 그만큼 책임도 불안도 커지겠지만, 동시에 창조적인 자유의 여정을 시작할 수도 있다. 나를 가두는 감옥은 어쩌면 바깥이 아니라 내 안에 있을지도 모른다. 그 감옥을 깨기 위한 첫걸음은 아주 사소하다. 메모 하나, 생각 하나, 선언 하나. "나는 이렇게 살고 싶다." 이 한 문장이 자유의 문을 여는 열쇠가 된다.

이제 존 스튜어트 밀의 《자유론》과 함께 '자유란 무엇인가?' 다시 묻는 것으로부터 출발해보자. '자유'의 개념을 구체적인 언어로 정의한 다음에는 타인의 욕망이라는 기준, 자기계발의 함정, 보이지 않는 사회의 구조와 규범 등 우리를 구속하는 문제들을 차례로 짚어볼 것이다. 그 속에서 나다운 삶을 위한 '역량'을 기르고, 마침내 '기록'을 통해 공동체와 함께 자유로워지는 법을 구체적으로 모색해보자. 겉보기에 무겁게 느껴질 수 있지만, 이 모든 이야기는 결국 우리의 일상과 맞닿아 있다. 자유는 연습과 훈련을 통해 길러지는 기술이며 실천이다.

길고 복잡해 보이지만, '메모 한 장'에서 시작하면 된다. 그것이 내가 아이에게 '자유', '사랑', '정의' 세 단어를 적어준 이유다. 이 책의 끝에서 독자들이 "나도 이제 내 삶에서 자유를 실현할 수 있을 것 같다"라고 말하게 되기를 바란다. 우리는 홀로 빛나는 존재가 아니라, 저마다의 빛으로 서로를 비추며 거대한 강물의 흐름을 만들어가는 '윤슬' 같은 존재다. 우리 함께 시작하자, 어른다운 자유의 길을.

2025년 9월

김익한

일러두기

각 장마다 자신을 옭아맨 부자유를 돌아보고 진정한 자유를 회복할 수 있도록 '실천적 성찰'을 실였다. 회색 자로 쓴 예시를 참고해 직접 질문에 대한 답을 기록해보길 권한다. 〈실천적 성찰 워크북〉은 QR코드에 접속해 내려받을 수 있다.

1부

탐색

나는 왜 자유롭지 않은가

①

어른이 되면 원하는 걸 다 하며 살 수 있을까

우리는 자유를 배우지 못했다

　어린 시절, 우리는 자유에 대해 순진하고 낭만적인 상상을 품었다. 마치 마법처럼 아무런 제약도 없고, 누구의 간섭도 받지 않으며, 하고 싶은 걸 다 하며 사는 삶. 입시전쟁도 없고, 정해진 귀가 시간도 없고, 밤늦게까지 만화책을 읽으면서도 엄마 눈치 볼 필요 없고, 이불을 뒤집어쓴 채 몰래 라디오를 듣거나 아이스크림을 두 개 연달아 먹어도 문제가 되지 않는 그런 날들.
　밤하늘의 별을 보며 다짐하곤 했다. '어른이 되면 누가 뭐래도 내가 원하는 대로 자유롭게 살 거야.' 그때의 '자유'는 막연했지만 그 어떤 이상보다 더 뚜렷한 감각으로 우리 내면에 자리했다.

자유를 향한 갈망은 대개 결핍에서 온다. 수영장에 가고 싶어도 부모의 형편 때문에 조용히 입을 다물어야 했고, 주말에 마음껏 놀고 싶어도 빽빽한 학원 시간표에 갇혀야 했다. 친구가 새로 산 게임기를 자랑할 때, 우리는 부러운 눈빛으로 그 옆에 앉아 잠깐이라도 만져볼 기회만 기다렸다.

이처럼 반복되는 결핍은 내면에 하나의 약속을 새겼다. '지금은 참지만, 어른이 되면 하고 싶은 거 다 자유롭게 하고 말 거야.' 어른은 그저 나이를 먹는 것이 아니었다. 마침내 그 자유의 시간을 손에 넣는 일이었다.

그러나 소위 '어른'이라고 할 만큼 나이 먹고 나서 맞닥뜨린 현실은 전혀 달랐다. 우리는 자라면서 자유를 배우지 못했다. 오히려 자유에서 멀어지는 방식으로 성장했다. 학교는 가장 먼저 규율과 통제를 가르쳤다. 정해진 시간에 자리에 앉고, 궁금한 것을 묻기보다 정해진 답을 외웠다. 스스로 생각하기보다 주어진 틀에 맞추는 법을 배웠다. '왜?'라는 질문은 종종 문제적인 태도로 간주되었고, '다르게 하고 싶다'는 욕망은 묵살당했다. 개성보다 조화를, 비판보다 순응을 가르치는 구조 속에서 자유는 힘을 잃었다.

우리는 자유를 바라기만 했을 뿐, 그것을 실제로 느끼고 연습할 기회는 얻지 못한 채 어른이 되었다. 자유는 이따금 허용되는 보상이나 특별한 예외처럼 여겨질 뿐, 인생의 근본적인 원리로 자리 잡지 못했다.

  사회에 나오면 이런 경향은 더욱 강화되고 심화된다. 우리는 취업준비, 승진시험, 인사고과 등 끊임없이 이어지는 무한경쟁 속에서 살아간다. 이 구조에서 우리는 '하고 싶은 것'보다는 '잘하는 것'을 기준 삼게 되고, 이는 곧 타인의 기대에 부응하는 방향으로 이어진다. 자신이 진정으로 원하는 일을 선택하기보다, 타인의 인정을 받을 수 있는 일을 택하게 되는 것이다. 내면에서 일어나는 욕망보다는 사회가 요구하는 방향을 모방하다 보니, 욕망 자체가 왜곡된 채 살아가게 된다. 마치 거울에 비친 타인의 모습을 자신의 모습인 양 착각하며 따라가는 것과 같다.

  그 결과 어른이 되어 자유를 추구하려 할 때, 정작 자신이 무엇을 원하는지조차 분명하지 않은 혼돈에 빠지게 된다. 자유는 관념으로는 존재하지만, 일상에서는 손에 잡히지 않는 낯설고 먼 개념이 되어버린다. 무엇을 위해 이토록 바쁘게 달려왔는지, 어떤 가치를 좇으며 살아가고 있는지 스스로에게 묻는 법조차 잊어버린다.

  어른이 된다는 것은 자유를 획득하는 과정이 아니라 오히려 자유에서 멀어지는 여정일지도 모른다. 어린 시절 자유를 갈망했던 순진한 기대는 현실의 높은 장벽 앞에서 산산

이 부서진다. 외형적으로는 선택지가 많아졌지만, 그 선택을 위한 조건은 더 까다로워지고, 선택이 불러오는 책임과 의무, 그리고 관계의 복잡성 탓에 정작 '내가 진정으로 원하는 것'을 고르기는 점점 더 어려워진다.

직장에서는 실적 압박, 상사 및 동료와의 관계, 치열한 경쟁에 짓눌린다. 가정에서는 돌봄과 책임의 무게, 가족 간의 갈등 속에서 개인의 욕망은 뒷전으로 밀려난다. 사회적으로는 다양한 역할을 수행하며 끊임없이 평가받는 과정에서 자신의 존재는 흐릿해지고, 때로는 자신의 존재 가치마저 의심하게 된다.

출근길 지하철 안에서, 끊임없이 미팅이 이어지는 회의실에서, 야근 후 지친 몸으로 집에 돌아와 아이를 겨우 재우고 조용히 앉은 소파 위에서 문득 '나는 지금 누구의 삶을 살고 있는가?'라는 질문이 벼락처럼 뇌리를 때린다. 일상이 마치 조종사 없는 비행기처럼 자동항해 모드로 흘러가고 있다는 생각이 들 때, 자유는 더 이상 실현 가능한 가치가 아니라, 어린 시절에 꿈꾸던 아득한 허상처럼 느껴진다.

우리는 알람 소리에 일어나 하루종일 정해진 일을 해낸 뒤 녹초가 되어 침대에 눕는다. 그 하루 동안 내 의지가 작동한 순간은 얼마나 될까? 나의 하루는 과연 얼마나 '나의 것'이었을까? 스스로 시작하고 스스로 마무리한 경험이 있기나 한 걸까?

  이 무기력감은 자기결정감의 상실에서 비롯된다. 자유란 하고 싶은 일을 하는 능력만이 아니다. 외부의 압력이나 관성에 떠밀리지 않고, 매 순간 '나의 일상을 스스로 결정'하는 힘이다. 그러나 우리는 '해야 하는 일들'의 목록에 파묻혀 자신을 잊는다. 고유한 목소리는 점점 작아져 끝내 주변의 소음에 묻힌다. 우리는 내면을 들여다볼 여유도 없이, 거대한 시스템의 부속품처럼, 외부의 요구에 기계적으로 반응하며 살아간다. 그렇게 자기결정감은 희미해지고 우리는 삶의 주인이 아닌 객으로 전락한다.

  이런 상황에서 우리는 반드시 자문해보아야 한다.

"나는 지금 누구의 선택에 따라 살고 있는가?"

  이 질문은 잃어버린 자유를 회복하는 실마리이며, 수동적인 삶의 반복을 깨뜨릴 수 있는 첫 번째 균열이다. 단순한 의문이 아니라 존재의 근원적 주체성을 깨우는 강력한 경종이다. 이 질문을 진심으로 마주할 때, 우리는 비로소 타인의 기준이 아닌 '나'로서 살아가는 길의 출발점에 선다. 삶의 방향타를 다시 손에 쥐는 순간이다.

실천적 성찰

처음 시작하는 자유 트레이닝
나의 의지 신호등 켜보기

'의지 신호등' 기록은 하루의 행동들을 '나의 의지'라는 기준으로 재분류하고 시각화하는 작업이다. 우리는 무수한 행동을 하며 살아가지만, 어떤 것이 진정한 나의 선택이었고 어떤 것이 외부의 압력에 의한 것이었는지 명확히 인지하지 못한다. 의지 신호등은 이처럼 흩어진 행동의 기록들을 '자기결정권'이라는 축으로 재구성해, 내 삶의 주도권이 어디에 있는지 한눈에 보여주는 가장 단순하고도 강력한 자기 분석 도구다. 기록을 통해 나의 하루가 어떤 색깔의 신호등으로 채워져 있는지 직면하는 것, 그것이 바로 잃어버린 자유를 되찾는 첫걸음이다.

- 초록불   온전히 나의 의지, 내가 진심으로 원해서 한 행동
- 노란불   나의 의지와 타인의 영향 또는 의무가 절반씩 섞인 행동
- 빨간불   나의 의지와 무관하게 오직 의무나 외부의 힘에 의한 행동

1. 나의 하루를 돌아보자. (5~10개의 행동)
- ☐ **오늘 내가 한 일**: 아침 7시 기상, 점심으로 김치찌개 주문, 잠들기 전 10분 독서 등.
- ☐ **나의 의지 신호등**: 빨간불, 노란불, 초록불 등.
- ☐ **그렇게 선택한 진짜 이유**: 출근해야 하니까, 동료들 의견에 따라, 온전히 내가 원하고 즐거워서 등.

2. 하루를 돌아보니, 나의 신호등은 어떤 색이 가장 많았는가?

빨간불 3개, 노란불 4개, 초록불 1개. 생각보다 내 의지대로 한 일이 거의 없다는 사실에 놀랐다. 특히 오전 시간에는 빨간불이 대부분이었다.

3. 초록불의 순간에는 어떤 감정을 느꼈나?

'잠들기 전 10분 독서'가 유일한 초록불이었다. 짧은 시간이었지만, 온전히 나에게 집중하는 느낌이 들어 뿌듯하고 평온했다. '아, 이게 나였지' 하는 기분 좋은 느낌이었다.

4. 그 순간을 늘리기 위해 내일 당장 시도해볼 수 있는 아주 작은 행동 한 가지는 무엇일까?

- ☐ 내일 점심은 동료들에게 양해를 구하고, 5분이라도 산책하면서 내가 정말 먹고 싶은 메뉴를 고민해봐야겠다.
- ☐ 출근길에 무작정 듣던 뉴스 대신 내가 좋아하는 음악 플레이리스트를 5분이라도 듣겠다.

②
자유는 왜 생존의 문제인가

존 스튜어트 밀과 함께 자유에 이름을 붙이다

앞에서 우리가 왜 자유를 제대로 배우지 못한 채 어른이 되었는지 살펴보았다. 이제 그 막연한 자유의 개념을 붙잡아 구체적인 언어로 정의해보자. 철학자들은 자유를 어떻게 정의했을까? 우선 존 스튜어트 밀John Stuart Mill, 1806~1873의 《자유론》을 길잡이 삼아, '어른의 자유'란 무엇이며 어느 선까지 허용될 수 있는지, 그 핵심을 파고들어보자.

'자유'라는 말은 시대를 가로질러 인간 존재의 핵심을 묻는 질문이었다. 철학과 정치, 심리학을 관통해온 영원한 화두였다. 고대 그리스의 아리스토텔레스부터 근대의 칸트, 현대의 사르트르와 푸코에 이르기까지 수많은 사상가가 자유의 본질은 무엇이며 어떻게 해야 인간이 자유로울 수 있는지를 치열하게 탐구해왔다. 자유를 어떻게 이해하느냐에 따라 인간이 어떤 존재이며 우리는 어떤 삶을 추구해야 하는지가 달라졌기 때문이다.

그러나 그 깊고 정교한 철학적 논의들이 아무리 탁월하다 해도, 그것이 나의 삶과 일상에 실질적인 울림과 변화를 일으키지 못한다면 결국 공허한 이론에 머물 수밖에 없다. 나에게 자유라는 화두가 그저 지적 유희가 아닌 생존의 문제로 다가온 것도 바로 그 무렵이었다.

유학 후 나는 시간강사로 여러 대학을 전전했다. 정식 소속도, 다음 학기에 대한 보장도 없는 삶. 말 그대로 허공을 딛고 걷는 일이었다. 외견상으로는 '자유로운 강사'처럼 보였지만, 실상은 경제적 생존을 위해 끊임없이 발버둥치는 처지였다. 미래에 대한 불확실성과 성과에 대한 압박이 그림자처럼 따라다녔다. 강의가 없는 날이면 생활비 걱정과 실적 관련 두려움이 마음을 옥죄었다.

경제적 생존과 사회적 평가라는 보이지 않는 감옥, 그 안에서 나는 매 순간 눈치를 보며 살아야 했다. 월세와 생활비를 계산하며 다음 학기 강의 배정을 기다리는 불안한 삶 속에서 하루하루를 버텼다. 사람들은 나에게 '자유로운 삶'을 사는 것 같다고 말해주었지만, 정작 나는 내 삶의 방향을 스스로 결정할 수 없었다. 자유는커녕 한 치 앞도 내다볼 수 없는 불확실성과 타인의 평가에 쫓기며 살아가는 매 순간이 고통스러웠다.

자신의 삶을 온전히 결정할 수 없는 상태, 그것이야말로 진정한 '부자유'였다. 그 시절 나는 온몸으로 깨달았다. 자유란 단순히 어떤 조직에 속하지 않거나 시간을 마음대로 쓰는 상태만을 뜻하는 말이 아니라는 것을. 나에게 자유는 생존의 문제였다.

어느 날, 강의 전 대기 시간에 무심코 꺼내든 책이 존 스튜어트 밀의 《자유론》*이었다. 사회와 개인의 관계 속에서 자유의 의미를 깊이 성찰한 고전으로 1859년 출간된 이 책은 수많은 독자에게 사랑받았다. 내게는 그날 처음으로 '자유'가 추상에서 구체로 옮겨지는 강렬한 경험을 안겨준 책이다.

개인은 타인에게 해를 끼치지 않는 한, 자기 삶을 결정할 자유가 있다.

- 존 스튜어트 밀, 《자유론》, 책세상. 내가 본 것은 작은 크기의 문고판에 가까운 책이었다. 쪽수도 얼마 되지 않아 읽기에 편했다. 책세상에서 나온 이 판본은 절판되어 없고, 지금은 대신 두꺼운 완역본이 나와 있다. 번역도 아주 좋아 제대로 《자유론》을 읽는 데는 나쁘지 않다.

손바닥만 한 판형의 작은 책이었지만, 그 안에 담긴 문장 하나하나의 무게와 깊이는 결코 가볍지 않았다. 이 단순하고도 명료한 문장이 내 사고의 방향을 뿌리부터 바꿔놓았다. 자유를 막연한 해방이나 누군가의 허락 정도로 여겼던 나의 인식이 이 한 줄 앞에서 깨졌다. 자유는 허락이 아닌, 책임과 의무를 동반한 '능동적 상태'라는 사실. 그것은 철학이 추상적 이상론에 머물지 않고, 구체적인 삶의 기술로 기능할 수 있음을 깨닫게 해준 경험이었다.

밀이 《자유론》을 쓴 이유도 여기에 있다. 그는 당시 영국 사회가 외형상으로는 민주주의와 시민권을 확장했지만, 실상은 대중 여론과 사회 통념이 개인의 사유와 행동을 억압하는 새로운 '사회적 독재'로 향하고 있다고 보았다. 자유라는 이름 아래 자율성과 다양성이 사라지고 있는 현실에서 그는 개인이 자신의 삶을 스스로 이끌 권리를 지켜내기 위해 이 책을 썼고, 그랬기에 이 책은 어둠 속을 헤매던 나에게 한 줄기 빛처럼 다가왔다.

밀은 자유를 세 가지 핵심적인 축으로 나눈다. 첫째는 '생각의 자유'다. 이는 단순히 자신의 의견을 표현할 권리를 넘어선다. 자기 검열에 빠지지 않고 사고의 폭과 깊이를 확장할 수 있는 힘, 다시 말해 '생각할 수 있는 존재로서의 존엄성'을 뜻한다. 외부의 억압이나 내부의 편견에 휘둘리지 않고, 진실을 탐색하고 비판적으로 사고하는 정신의 자유를 말한다.

둘째는 '행동의 자유'다. 생각을 구체적인 실천으로 옮길 수 있는 자유, 관념이 현실이 되는 과정이다. 그러나 실천은 언제나 책임을 수반한다. 자신의 행동이 미칠 영향을 깊이 고려하고, 그 결과를 기꺼이 감수하는 태도가 행동의 자유를 성립시키는 핵심이다.

셋째는 '삶의 양식을 선택할 자유'다. 직업이나 라이프스타일은 물론이고 하루의 리듬과 감정의 흐름, 관계를 맺는 방식, 여가 활동까지 삶의 모든 면을 스스로 선택하고 결정하는 것이다. 어떤 이는 도시의 빠른 속도를, 어떤 이는 자연의 고요함을 중심으로 삶을 꾸릴 수 있다.

이 세 가지 자유는 따로 존재하지 않는다. 하나라도 결여되면 자유는 왜곡되거나 불완전해지며, 진정한 의미의 자유로운 삶은 불가능하다. 생각의 자유가 있어도 그것을 행동으로 옮길 용기가 없거나, 그 행동이 내가 원하는 삶의 양식과 어긋날 때 자유는 공허한 외침이 되고 만다. 세 가지 자유는 서로를 보완하고 지지하는 유기적인 관계 속에서만 온전히 작동한다.

유학 시절 동료 K는 재능이 비상한 친구였다. 그는 '가족사 분석'과 '농업 신기술'을 연결해, 소규모 공동체의 농산물 자급자족 모델을 만드는 독창적인 연구에 매료되어 있었다. 분야를 넘나드는 그의 지적 호기심은 늘 반짝였고, 상식을 허무는 그의 통찰은 나에게 신선한 자극을 주었다.

하지만 졸업이 다가오자 그는 지도교수와 선배들로부터 끊임없이 압박을 받았다. "그런 비현실적인 연구로는 자리를 잡기 어렵다"면서, 수치로 증명 가능한 수리경제학 영역에서 주제를 잡아 박사학위를 받으라는 조언이었다. 그렇게 K는 자신의 뜨거운 열망을 접고, 모두가 인정하는 '전망 좋은' 길을 택했다.

유학 후 K는 좋은 학벌에 힘입어 모 대학의 교수가 되었다. 그러나 몇 년 뒤 만난 그의 눈빛에서 나는 총기를 찾을 수 없었다. 그는 더 이상 새로운 질문을 던지지 않았고, 학문적 토론 자체에 흥미를 보이지 않았다. 그저 밥벌이로서 교수직을 수행하고 있었다. 그가 포기한 것은 단지 하나의 연구 주제가 아니었다. 자기 존재의 방식, 즉 '지적 모험가'로서의 삶 자체를 포기한 것이었다.

그에게는 자신만의 사상을 펼칠 '생각의 자유'가 있었다. 그 사상을 연구로 증명할 '행동의 자유'도 있었다. 그러나 그는 안정된 교수라는 사회적 기대를 저버리지 못해 자신만의 고유한 '삶의 양식을 선택할 자유'를 포기하고 말았다.

하나의 자유가 꺾이자 다른 자유들도 연쇄적으로 힘을 잃었다. 자신만의 생각을 펼치지 못하자 그의 행동은 관성적으로 변했다. 결국 그는 생명력을 잃고 타인이 설계한, 즉 예측 가능한 삶에 접어들고 말았다. 이처럼 나의 목소리가 사라진 자리에 타인의 목소리가 자리 잡을 때 내면의 나침반은 작동을 멈춘다.

에리히 프롬Erich Fromm, 1900~1980은 《자유로부터의 도피》에서 이 현상을 날카롭게 비판한다. 인간은 왜 외형적 해방을 이룬 뒤에도 자유를 감당하지 못하고 다시금 권위에 의존하려 하는가? 자유란 스스로 생각하고 판단하고 결정하는 일이며, 이는 고도의 책임감과 자기 자율성을 전제로 한다. 그러나 많은 사람이 그 무거운 책임보다, 정해진 경로를 따르거나 강력한 지도자에게 복종하길 택한다. 그렇게 진짜 자유는 퇴장하고, 그 자리를 타인의 기대와 사회 제도, 그리고 익명의 권위가 차지한다.

프롬은 이 '자유로부터의 도피'가 나치즘 같은 전체주의

● 에리히 프롬, 《자유로부터의 도피》, 휴머니스트. 놀랍게도 1941년에 영어 초판이 나왔다. 지금도 우리의 부자유를 심층적으로 돌아보게 하는 명저다. 에리히 프롬의 《소유냐 존재냐》(까치)도 함께 읽기를 권한다. 존재적 삶이 자유의 근원임을 깨닫게 해주는 책이다.

의 토양이 되었다고 분석한다. 이는 정치적 경고를 넘어, 자유를 포기한 인간이 어떤 위험에 이를 수 있는지를 보여주는 깊은 심리적 통찰이다. 자유란 해방 그 자체가 아니라, 불확실성과 책임을 견디며 스스로를 이끄는 고독한 여정임을 그는 강조했다.

프리드리히 니체Friedrich Nietzsche, 1844~1900는 "자유로운 존재는 자기 자신에게 책임을 진다"라고 말했다. 밀이 자유를 '성숙한 개인의 책임'과 연결한 것과 같다. 나의 선택이 만든 결과는 온전히 나의 몫이다. 그 누구도 대신 짊어질 수 없다. 이 온전한 책임의 무게가 바로 '고통'의 본질이다. 그러나 이 고통은 우리를 갉아먹는 무의미한 괴로움과 다르다. 그것은 내가 선택한 삶의 무게를 실감하며 스스로를 단련하는 '성장의 통증'이다. 이 통증을 감수할 때 우리는 비로소 더 강인하고 성숙한 존재로 거듭난다.

자유란 감정의 분출이나 충동의 해제가 아니다. 그것은 내면의 목소리를 명확히 인식하고, 그 욕망을 실현할 수 있는 역량과 조건을 스스로 구축하는 능동적인 힘이다. 이 힘은 단기간에 완성되지 않는다. 오랜 성찰과 자기 점검, 꾸준한 실천을 통해 서서히 단련된다.

밀은 또한 자유가 결코 무제한의 방종이 아니라는 점을 분명히 한다. '해악 금지 원칙Harm Principle'을 통해 자유의 본질을 좀 더 정교하게 규정한다. 그는 "개인의 자유는 타인에게 해를 끼치지 않는 한 절대적으로 보장되어야 한다"라고 단언한다. 진정한 자유는 타인의 권리와 존엄을 침해하지 않는 선에서만 가능하며, 그 안에는 보이지 않는 책임과 배려가 함께 작동한다.

그것은 상호 책임과 존중이 숨 쉬는 관계망 속에서 비로소 실현될 수 있는 가치다. 자신의 욕망을 타인과의 공존 안에서 조율하고 표현하는 일, 그것은 도덕의 문제를 넘어선 삶의 기술이다. 바로 이 지점에서 자유는 단순한 권리가 아니라 함께 살기 위해 끊임없이 고민해야 할 과제가 된다.

이 모든 내용은 자유가 소극적인 해방이 아닌, 적극적인 자기 구성의 과정임을 알려준다. 어린 시절 우리가 꿈꿨던 자유는 무한한 허용과 무책임한 방임에 가까웠다. 그러나 어른이 되어 마주한 자유는 그런 낭만적인 상상과는 다르다. **어른의 자유란 현실의 무게를 직시하고, 그 안에서 자신의 욕망과 가치를 세우며, 책임감을 바탕으로 삶을 주체적으로 창조하는 용기다.**

존 스튜어트 밀의 《자유론》이 내게 던진 충격은 바로 이 지점에 있었다. 자유는 추상적인 개념이나 거대 담론으로만 존재하지 않는다. 그것은 매일의 삶 속에서 반복되는 작은 질문들, 그에 대해 진솔하게 응답하는 기록, 그리고 스스로의 선택에 책임지는 태도를 통해 서서히 축적되는 실천의 감각이다.

우리는 종종 '진정한 나'를 찾기 위해 거창한 여행이나 급진적인 변화를 꿈꾼다. 하지만 자유는 가장 조용하고 사적인 실천에서 출발한다. 자기 자신에게 솔직하게 말을 걸고, 삶의 방향을 반추하며, 매일 조금씩 일상을 재구성하는 반복적인 행위에서 시작된다.

어른의 자유는 단지 '하지 않아도 되는 것'을 선택할 수 있는 능력을 넘어선다. 그것은 '무엇을 할 것인가'를 스스로 결정하고, 그 결정에 기꺼이 책임을 지며, 자신만의 삶의 서사를 창조하는 행위다. 우리는 자유를 통해 삶의 무의미를 극복하고, 자신의 존재를 세상에 각인시키는 유일무이한 예술작품을 만들어갈 수 있다.

"당신은 지금, 스스로에게 자유를 선물할 준비가 되어 있는가?"

이 질문에 대한 답을 찾아가는 것 자체가 가장 위대한 자유의 실천이며, 삶의 의미를 탐색하는 길이 될 것이다.

실천적 성찰

《자유론》과 함께 나의 자유 측정하기
자신을 객관화하는 자유의 지도

기록학에서 기록물을 평가하고 분류할 때 명확한 기준이 필요하듯, 우리의 삶 또한 어떤 철학적 준거를 통해 들여다볼 때 비로소 그 현주소를 객관적으로 파악할 수 있다. 이 질문들은 추상적인 자유의 개념을 '생각', '행동', '삶의 양식'이라는 구체적인 지표로 변환해, 우리가 무엇에 가장 얽매여 있는지를 보여주는 일종의 '자유의 지도'를 그리게 한다. 점수를 매기는 과정은 막연한 감정을 데이터로 바꿔 자신을 객관화하는 훈련이며, 이를 통해 우리는 자유를 회복하기 위한 가장 정확한 출발점을 찾을 수 있다.

아래 각 질문에 대해 '전혀 그렇지 않다(1점)'부터 '매우 그렇다(5점)'까지 점수를 매기고, 솔직한 생각을 짧게 기록해보자.

1. 생각의 자유: 나는 자유롭게 생각하는가?

- ☐ 나는 타인의 시선이나 비판을 신경 쓰지 않고 솔직한 생각을 대부분 표현한다. [　]
- ☐ 나는 사회의 통념이나 상식에 대해 '왜 그럴까?' 하고 비판적인 질문을 던지곤 한다. [　]
- ☐ 나는 요즘 나의 가치관과 다른 새로운 생각에 마음을 열고 귀를 기울이는 편이다. [　]

2. 행동의 자유: 나는 자유롭게 행동하는가?

□ 나는 '해야 한다'는 생각에만 빠져 있지 않고, 그 결과가 두려워도 실제 행동에 나서는 편이다. [ ]

□ 나는 나의 선택이 타인에게 미칠 영향을 신중하게 고려하며 행동한다. [ ]

□ 나는 나의 선택이 가져올 결과에 대해, 설령 그것이 실패할지라도 기꺼이 책임질 준비가 되어 있다. [ ]

3. 삶의 양식을 선택할 자유: 나는 나다운 삶을 사는가?

□ 지금 나의 하루(일, 관계, 휴식의 방식)는 내가 진정으로 원하는 모습에 가깝다. [ ]

□ 나는 남들이 부러워하는 삶이 아니라 내가 만족하는 나만의 삶의 방식을 만들어가고 있다. [ ]

□ 나는 현실적인 이유 때문에 내가 진정으로 원하는 삶의 양식을 포기하지는 않는다. [ ]

4. 생각, 행동, 삶의 양식 중에서 나의 자유가 가장 부족하다고 느껴지는 영역은 어디인가?

5. 그 영역에서 자유를 1퍼센트라도 늘리기 위해, 이번 주에 시도해볼 수 있는 아주 작은 행동 한 가지는 무엇인가?

□ 생각의 자유: "이런 건 돈도 안 되고 쓸데없어"라고 스스로 묵살해온 나의 '엉뚱한' 관심사(고대사, 식물 그림, 동네 고양이 관찰 등)에 대해, 이번 주에는 딱 10분만 투자해 관련 자료를 찾아보겠다. 그 생각에 '쓸모'가 아닌 '재미'라는 가치를 부여하는 연습이다.

- 행동의 자유: 언젠가 제대로 배우고 싶다고 생각만 해온 것(코딩, 목공, 글쓰기 등)이 있다. 이번 주에는 학원 등록 같은 큰 결심 대신, 그 분야의 전문가가 쓴 입문서를 한 권 빌려 목차만이라도 읽어보겠다. 책임질 수 있는 아주 작은 첫걸음을 떼는 것이다.
- 삶의 양식을 선택할 자유: '성공한 삶이란 생산적인 삶'이라는 사회의 압박에서 벗어나, 이번 주에는 의도적으로 '비생산적인' 일을 하나 해보겠다. 돈이나 성과와 전혀 무관하게, 과정 자체가 즐거운 일(목적 없이 걷기, 옛날 영화 다시 보기 등)에 시간을 선물하는 것이다.

③ 나의 역할은 나를 억누르는가

무대 위의 나를 관찰하는 또 다른 시선, 메타인지

존 스튜어트 밀의 《자유론》을 통해 '자기 삶을 결정할 권리'라는 자유의 핵심을 이해했다. 하지만 우리는 왜 그토록 당연한 권리를 누리지 못하는 걸까? 가장 큰 이유 중 하나는 타인과 함께 사는 '사회적 존재'로서의 우리 자신에게 있다. 이 장에서는 사회학자 어빙 고프먼의 눈을 빌려, 일상이라는 무대 위에서 '가면'을 쓰고 살아가는 우리의 모습을 들여다보고, 진정한 자유를 위해 나를 객관적으로 바라보는 방법, 즉 메타인지를 모색하자.

혼자 있을 때의 '나'와 다른 사람과 함께 있을 때의 '나'는 왜 이렇게 다른 걸까? 머릿속 생각과 입 밖으로 나오는 말이 달라, 단체 채팅방에 장문의 글을 썼다 지우고 결국 "네, 알겠습니다" 한마디만 남길 때, 우리는 어떤 혼란을 느끼는가?

우리는 이 둘을 각각 '사유하는 자아'와 '사회적 자아'라고 부를 수 있다. 유독 퇴근 후 마음이 먼저 지치는 날이 있다면, 그 이유는 단지 업무 때문만은 아닐 것이다. 하루종일 사회적 자아라는 가면을 쓰고 관계를 조율하느라 사유하는 자아의 에너지를 모두 써버렸기 때문이다.

이 둘이 건강하게 조화를 이루면 평온하지만, 균형이 무너지고 간극이 벌어질 때 우리는 부자유를 느낀다. '진짜 나는 누구인가?'라는 질문 앞에 서게 되는 것이다. 이 혼란의 정체를 파악하려면, 먼저 사회적 자아가 어떻게 만들어지고 작동하는지 그 구조부터 살펴볼 필요가 있다.

어빙 고프먼 Erving Goffman, 1922~1982 의 드라마투르기 dramaturgy 이론은 사회적 맥락 속에서 자아가 어떻게 왜곡되는지를 통찰력 있게 보여준다. 그는 《자아 연출의 사회학》*에서 인간의 상호작용을 '연극'에 비유한다. 일상의 자아란 다양한 '무대' 위에서 다양한 '배역'을 연기하는 존재라는 것이

---

* 어빙 고프먼, 《자아 연출의 사회학》, 현암사. 일상에서 반복되지만 우리 눈에 잘 보이지 않는 미세한 삶의 모습과 그 실체를 드러내는 책이다. 메타인지에 대한 자기계발서보다 이런 높은 수준의 지적 탐구의 결과물을 정독하기를 권한다.

다. 우리는 특정 상황과 맥락에 따라 가면persona을 쓰고, 대본에 따라 대사를 읊으며, 관객의 반응을 의식해 스스로를 연출한다.

고프먼은 특히 '전면 무대front stage'와 '후면 무대back stage'를 구분한다. 전면 무대는 사회적 규범과 타인의 기대에 맞춰 자신을 표현하고 연기하는 공간이다. 직장에서의 프로페셔널한 태도, 모임에서의 유쾌하고 원만한 자세 등이 여기에 해당한다. 반면 후면 무대는 그 연기를 잠시 내려놓고 본연의 모습으로 돌아가는 사적이고 내밀한 공간이다. 집에서 쉬거나 가까운 사람들과 있을 때의 모습이다. 고프먼은 우리가 전면 무대에서는 이상적인 자아를 유지하려 애쓰며, 오직 후면 무대에서야 긴장을 풀고 '나'로 돌아갈 수 있다고 보았다.

고프먼의 이론은 디지털 시대에 더욱 강력하게 작동한다. 과거에는 가면을 벗을 후면 무대가 존재했지만, 오늘날 소셜미디어는 그 경계를 흐려놓았다. 우리는 거의 모든 순간 타인의 시선을 의식하며 살아간다. 언제나 접속 가능하고 언제든 노출될 수 있는 이 '항상 켜져 있는 무대'는 후면 무대를 점점 잠식한다.

페이스북, 인스타그램, 카카오톡 프로필 사진 속에서 우리는 끊임없이 자신을 연출한다. '좋아요'나 댓글 같은 즉각적인 피드백은 무대 위의 자아를 더욱 강화해, 연기를 멈추지 못하게 만든다. 이제 진정한 후면 무대는 사라지고, 많은 사람이 24시간 자신을 연기해야 한다는 압박 속에서 피로와 소진을 경험한다. 가면과 연기가 일상이 된 시대, 우리는 점점 '진짜 나'와 멀어진다.

고프먼의 이론은 오늘날 우리에게 '진정성authenticity'이란 무엇인지 다시 묻는다. **내가 지금 하고 있는 말과 행동, 그리고 선택은 과연 내 내면의 의지에서 비롯된 것인가?** 아니면 사회적 스크립트, 타인의 기대 혹은 내가 만든 '이상적 자아상'에 따른 연기인가? 우리가 자유롭지 못한 것은 때로 타인이 아니라 '스스로 연기 중인 자아', 사회 속에서 '잘 살아야 한다'는 기대를 수행하는 나 때문이기도 하다. 연기하는 자아와 진정성 사이의 이 긴장은, 자유의 의미를 새롭게 정의하는 계기가 된다.

진정한 자유를 원한다면 가면 뒤에 숨겨진 자신의 진짜 모습을 마주해야 한다. 그 모습이 외부의 시선에 의해 얼마나 왜곡되어 있는지 성찰해야 한다. 자유의 획득은 바로 그 가면의 작동 방식을 이해하고, 지금 내가 쓴 가면이 '나의 선택'인지 '사회의 강요' 때문인지 물을 수 있을 때 비로소 시작된다. **내가 수행하는 역할은 나를 억압하는가, 아니면 성장시키는가?** 중요한 것은 역할 자체가 아니라, 그 역할을 내가 의식적으로 선택하고 있는가다. 이것이 자유와 억압을 가르는 첫 분기점이다.

이때 복잡하게 얽힌 자아와 욕망 속에서 자유를 찾는 핵심 도구가 바로 '메타인지metacognition'다. 자신의 생각과 감정을 한 걸음 떨어져 바라보는 능력을 뜻하는 메타인지 개념은 1970년대 미국의 인지심리학자 존 플래벌John Flavell, 1928~2025이 처음으로 제시했다. 그는 어린이들이 단순히 정보를 받아들이는 것을 넘어, 자신이 어떻게 생각하는지를 자각하는 능력, 즉 '생각에 대한 생각'을 할 수 있다는 점에 주목했다. 플래벌은 이를 학습에서 자기 조절과 반성적 사고의 핵심 요소로 보았다.

예를 들어, 자신이 어떤 방식으로 정보를 가장 잘 이해하는지, 어느 부분에서 실수를 자주 하는지 등을 스스로 파악하는 능력이 바로 메타인지다. 이 개념은 이제 학습의 테두리를 넘어 '삶의 철학'으로 확장된다. 삶은 선택의 연속이고, 선택은 사고의 산물이며, 사고는 인식의 반영이다. 따라서 메타인지는 단순한 학습 기술이 아니라 삶의 자율성을 확보하기 위한 본질적인 조건이다.

"나의 판단은 어떤 전제에서 시작되는가?" "지금 이 감정은 어떤 생각에서 비롯되었나?" 사회적 자아와 내면의 욕망에 휩쓸리지 않고 이렇게 질문을 통해 스스로를 점검하는 행위가 바로 '삶의 메타인지'다. 삶을 밖에서 조망하는 '관찰자'인 동시에 그 삶을 실질적으로 이끌어가는 '행위자'가 되는 것이다.

이런 자기 점검이 자유와 직접 연결된다. 메타인지적 삶을 사는 사람은 자극에 반사적으로 반응하지 않는다. 자신의 생각과 감정의 흐름을 인식하고 조절함으로써, 좀 더 의식적으로 반응할 수 있다. 외부 자극에 휩쓸리는 대신, 반성적으로 선택한다. 감정의 기원을 추적하고 판단의 기준을 점검하며 "나는 왜 이렇게 느끼지?", "이 생각은 정말 나의 것인가?" 같은 질문을 끊임없이 던진다.

메타인지는 또한 감정 조절력, 충동 통제력, 자기 동기화와도 밀접하게 연결된다. 자신의 감정이 어떤 생각에서 비롯되었는지 이해할 때, 우리는 감정에 휘둘리지 않고 감정을 다룰 수 있게 된다. 마찬가지로, 충동적인 행동을 하기 전 잠시 멈춰 결과를 예측함으로써 더 책임감 있는 결정을 내릴 수 있다.

최근 유행하는 MBTI 트렌드는 '나는 누구인가'를 탐색하려는 사람들의 깊은 갈망을 보여준다. 누군가는 이를 통해 해방감을 느끼고, 누군가는 다시금 틀에 갇힌다. MBTI는 '가면'이 될 수도, '거울'이 될 수도 있다. 중요한 것은 그것이 '사유하는 자아'를 자극하느냐, '사회적 자아'를 강화하느냐다. 자기 이해의 도구가 나를 해방시키려면, 그 분류에 매몰되지 않고 끊임없이 나를 성찰하는 메타인지가 병행되어야 한다. MBTI는 질문의 출발점일 뿐, 답이 되어선 안 된다.

자아에 대한 지속적인 점검과 해석이 가능해질 때, 우리는 자신의 신념과 욕망을 사회적 기대와 구별할 수 있게 된다. 그 과정에서 더 정제된 선택, 더 책임 있는 삶의 태도를 갖출 수 있다. 이때 자유는 '하고 싶은 대로 하는 것'이 아니라, '할 수 있는 것 중에서 책임 있게 선택하고, 그 선택을 통해 자신의 삶을 구성하는 힘'으로 재정의된다.

이런 성찰이 외부의 억압 구조를 즉시 바꾸지 못하더라도, 내면의 해방으로서 자유를 실현할 수 있도록 돕는다. 내면의 자유는 외부 환경에 덜 휘둘리며 어떤 상황에서도 자신의 존엄과 주체성을 지키는 힘이 된다.

메타인지 과정은 기록을 통해 극대화된다. 기록은 혼란스러운 생각과 감정을 밖으로 꺼내 객관적인 관찰의 대상으로 만드는 첫 단계다. 종이 위에 적힌 나의 문장은 더 이상 내가 아니라, 내가 분석할 수 있는 '데이터'가 된다. 이 데이터가 쌓이면 보이지 않던 나의 반응 유형이나 감정의 파동이 드러난다. 바로 이 지점에서 메타인지는, 내면의 기록들 속에서 반복되는 패턴을 발견해가는 능동적 사유 방식으로 확장된다. 예컨대 하루를 마치고 잠자리에 들기 전, 오늘 어떤 장면에서 불편함을 느꼈는지, 그때의 감정과 반응을 간단히 써보는 것만으로도 우리는 '가면을 쓴 나'와 '진짜 나'의 차이를 자각할 수 있다.

이처럼 기록을 통해 자신의 생각과 감정 패턴을 읽어내는 삶의 메타인지가 제대로 작동할 때, 비로소 자유는 새로운 의미를 갖는다. 단순히 외부 제약이 없는 상태를 넘어, '무엇을 선택할 것인가'에 대한 자율적인 판단과 내면의 확신에서 비롯되는 존재의 태도가 된다.

자유는 주어진 현실이 아니라 끊임없이 훈련해야 하는 기술이다. 고정된 상태가 아니라 능동적으로 경신해야 할 지향점이다. 진정으로 자유로워지려면, 먼저 자신이 어떤 시선과 억압에 반응하는지 자각해야 한다. 삶을 반성적으로 바라보는 메타인지적 사고, 그리고 기록을 통해 자신을 객관화하고 그 반성을 실천하는 기술이 반드시 뒷받침되어야 한다.

이 세 가지 요소, 즉 사회적 자아에 대한 통찰, 사유하는 자아의 메타인지, 실천으로서의 기록을 일상에 통합할 수 있다면, 우리는 마침내 "나는 지금 자유로운가?"라는 질문에 솔직하게, 두려움 없이, 책임 있게 답할 수 있을 것이다.

실천적 성찰

자유 메타인지 매트릭스
내면에 각인된 자동반응 알고리즘 찾기

메타인지는 근육과 같아서 의식적인 훈련 deliberate practice 을 통해 단련해야 한다. 아래의 '자유 메타인지 매트릭스'는 우리의 생각과 행동 사이에 숨겨진 연결고리를 발견하고, 내면에 각인된 '자동반응 알고리즘'을 의식의 수면 위로 끌어올리는 훈련 도구다. 이것은 단순히 일기가 아니라 나의 하루를 '사건-감정-사고'라는 데이터로 해체하고 재구성하는 기록학적 실천이다. 이 기록이 쌓이면, 우리는 흩어진 점들 속에서 반복되는 패턴을 발견하는 지도 제작자처럼, 나 자신이라는 미지의 영토를 이해하게 된다.

1. 오늘 어떤 상황에서 무슨 연기를 했는지 돌아보자.
   - ☐ 오늘 어떤 상황이 있었나?
   - ☐ 그 순간 나는 어떻게 행동했나?
   - ☐ 그때 나의 감정은 어땠나?
   - ☐ 나의 행동이 연기였다면 왜 그랬는가?
   - ☐ 온전히 자유로웠다면 나는 무엇을 선택했을까?

2. 주로 어떤 '무대' 위에서 나의 '연기'와 '진짜 생각'의 차이가 가장 크게 나타나는가?
   - ☐ 권위적인 상사 앞에서, 하고 싶은 말이 있어도 입을 닫고 경청

하는 척할 때.
- □ 부모님이나 친척 어른들께 걱정 끼치기 싫어서, 힘들다는 말 대신 "잘 지내요"라고 말할 때.
- □ 어색한 사람들과의 모임에서, 분위기를 띄워야 한다는 의무감에 과장되게 웃거나 동조할 때.

3. 그 차이를 만드는 가장 큰 이유는 무엇이었나?

- □ '좋은 사람', '능력 있는 사람'으로 보이고 싶은 인정 욕구.
- □ 관계를 망치거나 갈등을 일으키고 싶지 않다는 두려움.
- □ '모난 돌이 정 맞는다'는 내면화된 사회적 압박감.

4. 나의 '진짜 생각'을 표현하는 자유로운 선택을 위해, 다음에는 어떤 '용기'를 내볼 수 있을까? 아주 작은 행동 한 가지를 계획해보자.

- □ 부당한 업무 지시에 바로 "네"라고 대답하는 대신, "그 부분은 잠시 검토해보고 다시 말씀드려도 될까요?"라고 말하기.
- □ 모두가 동의하는 분위기더라도, "저는 조금 다르게 생각하는 지점이 있는데…"라고 운을 떼보기.
- □ 무리한 부탁을 받았을 때, "미안하지만 그건 좀 어려울 것 같아"라고 거절의 의사를 표현해보기.

④
이 욕망은 정말 나의 것인가

허세, 위선, 타인의 시선에 대하여

사회적 가면 뒤에 숨어 있는 진짜 나를 찾으려는 노력이 자유의 시작임을 알았다. 그러나 '나'를 안다고 생각하는 순간, 우리는 또 다른 질문에 맞닥뜨린다. 내가 진심으로 원한다고 믿는 그 '욕망'은 과연 나의 것일까? 이 장에서는 라캉과 사르트르의 통찰을 빌려 '욕망'의 굴레에서 벗어나는 법을 모색해보자.

정신분석학자 자크 라캉 Jacques Lacan, 1901~1981은 "인간의 욕망은 본질적으로 타자의 욕망을 욕망하는 것"이라고 말했다. 우리의 욕망조차 실은 내면의 순수한 갈망이 아니라, 타인이 욕망하는 것을 따라 하는 심리적 구조임을 통찰한 것이다. 그의 이론은 난해하기로 유명하지만, 이 한 문장의 핵심만큼은 지독히도 명료하다. 우리가 그토록 원했던 명품 가방, 선망하던 그 직업이 과연 나의 진정한 바람이었는지 되묻게 한다. 우리는 타인의 인정과 시선 속에서 욕망을 구성하고, 정작 자신이 원하는 것이 무엇인지는 모른 채 살아간다.

라캉은 이런 욕망의 구조를 '상징계symbolic'라는 개념으로 설명했다. 상징계란 언어, 규범, 관습으로 이루어진 사회의 질서다. 우리가 정체성을 형성하고 세계를 인식하는 기준이기도 하다. 그런데 이 상징계는 결코 우리의 욕망을 채워주지 않는다. 상징계는 실제 영토가 아닌 '지도'와 같기 때문이다. 지도는 영토를 이해하는 데 필수적이지만, 그 자체로 영토는 아니다. 지도에는 숲의 냄새도, 강물의 흐름도, 바람의 감촉도 담겨 있지 않다. 마찬가지로 사회가 규정한 질서라는 지도에는 생생한 현실 감각과 나의 원초적 욕망이 필연적으로 누락되어 있다.

그렇게 우리는 상징계 속에서 자신을 정의하고 살아가면서도, 동시에 '무언가 빠져 있다'는 결핍을 느낀다. 그 결핍은 지도에 없는 풍경처럼, 언어로 설명할 수 없는 진짜 나의 일부를 잃었다는 상실감이다. 이 근본적인 결핍을 채우려고 우리는 끊임없이 타인의 관심을 갈망한다. 그리고 그 욕망을 과장되게 드러내는 방식 중 하나가 바로 '허세'다.

허세는 내면의 불안과 결핍을 감추려는 방어기제다. 심리학자 알프레드 아들러Alfred Adler, 1870~1937의 통찰이 이 지점에서 깊은 울림을 준다. 그는 인간이라면 누구나 열등감을 느끼며, 이를 극복하려는 의지가 성장의 동력이 된다고 보았다. 문제는 그 열등감을 건강하게 마주하지 않고 더 화려한 가면으로 덮어버리는 '과잉 보상'의 심리에 있다. 허세는 바로 그 과잉 보상의 흔한 형태다. 그래서 연기는 위태롭고 소리는 더 요란하다.

특히 SNS는 열등감과 과잉 보상이 맞물려 허세가 폭발하는 공간이다. 우리는 인생의 하이라이트만 골라내 보여주며 더 멋진 나, 더 똑똑한 나, 더 근사한 나를 연출한다. 새벽 기상, 독서 인증, 식단 기록, 여행 사진, 대화 캡처까지, 그 모든 게시물은 단순한 공유라기보다, 어쩌면 타인의 부러움으로 존재 가치를 확인받으려는 디지털 과잉 보상 심리일지 모른다. 진짜 나보다 내가 보고 싶은 나, 혹은 남에게 보이고 싶은 나를 앞세운다. 우리는 어느새 타인에 의해 조립된 자아를 붙들고 살아간다.

아들러를 읽은 이들은 종종 이렇게 말한다. "더 나아져야 한다는 강박을 버리고 이대로도 괜찮다는 위로를 받았어요." 허세를 벗는 첫걸음은 타인의 눈이 아니라 자신의 눈으로 자기 삶을 바라보는 용기다. '남보다 나아 보이기'가 아니라 '나로 살아가기'를 택할 때, 우리는 비로소 가면을 벗고 자기 자신과 마주할 수 있다.

나 역시 예외가 아니었다. 교수가 된 직후 몽골의 국가 아카이브 초청으로 발표를 준비하면서 나도 모르게 허세를 부렸다. '교수답게' 보이겠다는 욕심으로 발표문을 치장했고, 영어 문장은 미국 유학파 선배의 손까지 빌렸다. 그 선배가 내게 한마디 건넸다. "영어로 고치면 더 선명해지는데 김 교수 발표문은 점점 어려워지네." 아니나 다를까, 몽골에서 발표를 하는데 동행한 다른 한국인 교수가 앞자리에서 작은 소리로 푸념을 했다. "뭔 말인지 알아먹을 수가 있어야지." 그제야 깨달았다. 내 허세가 들켰다는 것을.

발표가 끝난 뒤, 국립공원 투어 중에 한국 유학을 다녀온 몽골 아카이브 직원이 내게 다가왔다. "교수님 발표에서 많이 배웠습니다. 표현은 압축돼 있었지만 몽골도 사회적 고통을 대변하는 아카이빙이 필요하다는 데 공감했습니다. 이해한 사람이 많지는 않았겠지만요." 그 말에 가슴이 철렁 내려앉았다. 운 좋게도 푸념해준 교수, 따뜻한 몽골 아키비스트 덕분에 나는 깊은 반성을 할 수 있었다. 그때 떠오른 건, 교수가 된 나에게 친형이 해준 말이었다. "교수가 되면 자꾸 원맨쇼를 하게 돼. 그것만 주의하면 좋은 교수가 될 수 있어."

이 경험 이후 나는 내 허세를 '비곗덩어리'라 부르며 경계하게 되었다. 그래도 평생을 불쑥불쑥 솟아오르는 허세를 다 막지는 못하고, 그때마다 나를 혼내며 여기까지 왔다.

장폴 사르트르 Jean-Paul Sartre, 1905~1980는 희곡 〈닫힌 방〉*에서 "지옥은 바로 타인들"이라는 유명한 말을 남겼다. 이 문장은 오랫동안 오해되었다. 흔히 '타인이 나를 힘들게 한다'는 의미로 받아들여지지만, 사실 이 말은 인간관계의 본질을 정곡으로 찌른다.

사르트르가 말한 '지옥'은 외부에서 오는 고통이 아니다. **타인이 지옥이 되는 이유는, 그들의 시선이 나를 규정하기 때문이다.** 나는 나이면서, 동시에 타인이 본 '나'로 존재하게 된다. 사르트르에게 타인의 시선은 단순한 관찰이 아니라, 존재의 재구성이며 때로는 자유의 침해였다.

그의 말 한마디가 나를 초라하게 만들고, 그녀의 표정 하나가 내 가치를 결정짓는 것처럼 느껴질 때, 우리는 존재의 불편한 이중성을 실감한다. 이것이 바로 객체화의 고통이

● 장폴 사르트르,《닫힌 방·악마와 선한 신》, 민음사. 사르트르의 대표적 희곡 두 편이 같이 실려 있는 책이다. 특히 〈닫힌 방〉을 꼭 읽어보기를 권한다. 신문기자 가르생, 우체국 직원 이네스, 유한마담 에스텔의 고백과 죽게 된 사연들은 우리가 타인의 시선에 얼마나 얽매여 살아가는지를 적나라하게 보여준다.

다. 나는 자유로운 주체로 살고 싶지만, 사회는 끊임없이 나를 특정한 '이미지'에 가두려 한다. 학벌, 직장, 재산은 물론이고 외모와 성격까지 '남들의 시선'이라는 잣대에 의해 재단된다.

사르트르는 바로 이 지점에서 실존의 위기를 포착했다. 타인의 눈동자는 거울이 아니라 감옥일 수 있다. 타인의 평가에 종속될수록 우리는 '스스로 존재하는 나'가 아닌 '보여지는 나'로 살아가게 된다. 이런 상황에서는 진정한 자유가 싹틀 수 없다.

우리는 이 외부의 평가 압력 속에서 스스로를 끊임없이 검열한다. '나는 과연 괜찮은 사람일까?' '내 말이 이상하게 들리진 않을까?' 이런 자문은 우리의 불안을 키운다. 불안할수록 사람들은 자신을 더 치장하고, 실제보다 낫게 보이려 애쓴다.

어떤 이는 택시기사 앞에서 허세를 부리고, 식당에서도 자신이 더 중요한 사람인 양 행동한다. 또 누군가는 직업을 과장해 소개하고, 수입을 부풀려 말하면서 타인의 부러움과 인정을 얻으려 한다. 심지어 이른 기상 시간이나 미니멀리즘마저 과시의 도구로 삼는다. 가면의 종류는 달라도 뿌리는 하나다. 바로 '있는 그대로의 나'로는 사랑받을 수 없다는 깊은 두려움이다.

그러나 이 모든 행동은 내면의 외로움과 두려움을 가리는 얇은 막에 불과하다. 깨지기 쉬운 유리잔을 두툼하게 포장하는 것처럼, 겉은 화려해도 속은 위태롭고 공허하다. 허세를 부리는 사람도, 보는 사람도 본능적으로 안다. 허세는 마음을 더 외롭고 공허하게 만든다는 것을. 허세는 잠시 타인의 시선을 붙잡을 뿐, 결국 건강한 관계와 자기만족을 방해한다. 뫼비우스의 띠처럼, 허세는 부자유를 낳고 부자유는 다시 허세를 부르는 악순환을 완성한다.

러시아의 대문호 레프 톨스토이 Lev Nikolayevich Tolstoy, 1828~1910 의 소설 《이반 일리치의 죽음》은 이런 허세와 허영이 어떻게 인간의 삶을 왜곡하는지를 생생하게 보여준다. 주인공 이반 일리치는 법관으로서 출세하며 누구보다 '성공한 삶'을 살았다. 좋은 집, 세련된 가구, 높은 사회적 지위를 갖췄지만, 그 모든 선택이 자신의 욕망이 아닌 '남들이 옳다고 여기는 삶의 공식'을 따른 결과임을 죽음 앞에서야 깨닫는다.

불치병에 걸려 죽음을 앞둔 그는 자신이 허황된 욕망에 사로잡혀 단 한 번도 제대로 살지 못했음을 절감한다. 그가 병상에서 느끼는 고립과 두려움, 주변의 형식적인 태도는 평생 쌓아온 허세가 얼마나 덧없는지를 보여준다. 그의 고통은 육체의 병 때문이 아니라, 진짜 원하는 삶을 살아보지 못했다는 실존적 공허감에서 비롯된다. 모든 것이 허망하게 느껴지는 그 순간, 그는 오직 하인 게라심의 진심 어린 보살핌을 통해 비로소 참된 평온을 맛본다.

누구도 이반 일리치처럼 죽음 앞에서야 자유를 깨닫고 싶지는 않을 것이다. 허세는 결코 가벼운 문제가 아니다. 그것은 우리 마음을 병들게 하고 삶을 왜곡하며 자유에서 멀어지게 한다. 허세라는 가면을 벗는 첫걸음은 내가 삶의 어떤 장면에서 어떤 가면을 쓰고 있는지를 알아차리는 것이다. 내가 무엇을 두려워하고 무엇을 정말로 원하는지 알고, 허세라는 가면 뒤에 숨은 나의 진짜 얼굴을 대면하는 용기, 그것이 우리를 자유로 이끌 것이다.

성찰은 허세에서 벗어나 진짜 자신으로 사는 출발점이다. 가면은 쉽게 벗겨지지 않는다. 익숙한 연기를 멈추려면 먼저 그 패턴을 알아차려야 한다. 그래서 기록이 중요하다. 기록은 일시적인 감정을 넘어 자신의 행동 패턴과 그 이면의 심리적 동기를 분석할 객관적인 자료를 제공한다. 기록을 반복해서 쓰고 되돌아보는 과정에서, 우리는 내가 언제 허세를 부리는지, 그 허세를 부추기는 근본적인 두려움은 무엇인지 명확하게 인식하게 된다. 바로 '기록학적 성찰'이다.

그렇게 허세의 메커니즘을 알아차리고 벗겨낼수록, 우리는 더 이상 타인을 삶의 기준으로 삼지 않게 된다. 진정한 자유는 허세라는 가면을 벗고, 있는 그대로의 자신으로 당당히 살아가는 데서 시작된다. 타인의 욕망에 휘둘리지 않고, 내면에서 우러나는 가치를 따를 때, 우리는 비로소 충만하고 자유로운 삶을 경험한다. 그 길 위에서 우리는 마침내 가장 진실하고 아름다운 자기 자신을 만날 것이다.

실천적 성찰

허세 반성 리스트 작성하기

언제, 어디에서, 누구에게 허세를 부렸나

허세는 '나'라는 아카이브에 의도적으로 끼워넣은 '위조 기록'과 같다. 그 기록은 나를 더 대단한 존재처럼 보이게 하지만, 결국 전체 기록의 진실성을 훼손하고 나 자신마저 혼란스럽게 만든다. 이번 실천은 내가 만든 위조 기록을 스스로 판별하고 해체하는 '기록학적 자기 성찰' 작업이다. 허세라는 행위(위조 기록)가 어떤 맥락에서 어떤 의도로 만들어졌는지 분석하고, 그 뒤에 숨겨진 진짜 욕망과 두려움(원본 기록)을 발견하는 과정이다. 이 정직한 자기 대면을 통해 우리는 비로소 위조 기록 생성을 멈추고 진실한 기록을 쌓아나갈 수 있다.

최근 '허세'를 부렸다고 생각되는 구체적인 순간 하나를 떠올리고, 솔직하게 기록해보자.

1. 허세의 순간 포착하기: 무엇을 어떻게 했는가?

- ☐ **언제, 어디서, 누구에게?** 어제 오후, 팀 회의에서, 부장님과 동료들에게.
- ☐ **내가 실제로 한 말이나 행동은?** 부장님이 언급한 '데카르트 마케팅'이라는 용어를, 처음 듣는 말인데도 마치 아는 것처럼 고개를 끄덕이며 "아, 그 관점이 중요하죠"라고 말했다.
- ☐ **그렇게 행동한 이유는 무엇이라고 생각하는가?**(표면적 이유) 대화의 흐름을 깨고 싶지 않았고, 유능해 보이고 싶었다.

2. **가면 뒤의 진짜 마음 탐색하기: 왜 그랬을까?**

    □ 그 순간, 내가 정말로 원한 것은 무엇이었나? 타인의 인정, 무시당하지 않는 것 등.
    □ 그 순간, 내가 가장 두려워한 것은 무엇이었나? 무능해 보이는 것, 초라해 보이는 것 등.
    □ 이 허세는 나의 어떤 결핍을 가리기 위한 행동이었을까? '이런 용어도 모르는 무능한 사람'으로 보일지도 모른다는, 전문성에 대한 결핍감.

3. **자유로운 나 상상하기: 어떻게 할 수 있었을까?**

    □ 만약 타인의 시선과 내면의 두려움에서 완전히 자유로웠다면, 나는 그 순간 어떻게 말하고 행동했을까? "부장님, 죄송하지만 '데카르트 마케팅'에 대해 간단히 설명해주실 수 있을까요? 처음 듣는 용어라 명확히 이해하고 넘어가고 싶습니다"라고 솔직하게 질문했을 것이다.

4. 이 기록을 몇 번 반복하다 보면, 나를 지배하는 특정한 두려움이나 결핍의 패턴이 보이기 시작할 것이다. 나의 허세는 주로 어떤 상황에서, 누구를 향해 나타나는가?

    □ 주로 직장에서, 상사나 외부 전문가 등 나보다 권위가 있다고 생각되는 사람 앞에서 지적으로 부족해 보일까 봐 아는 척하는 패턴.
    □ 가까운 친구나 연인 관계에서, 나의 힘든 일이나 부족한 점을 솔직히 드러내면 상대방이 실망할까 봐 괜찮은 척, 더 대단한 척하는 패턴.

- 처음 만나는 사람들이나 어색한 모임에서, 좋은 첫인상을 남기고 싶다는 압박감 때문에 나의 경험이나 배경을 조금씩 과장하는 패턴.

5. **그 패턴을 알아차리는 것이 허세의 가면을 벗는 첫걸음이다. 다음에 비슷한 상황에 처한다면 '자유로운 나'의 행동을 1퍼센트라도 실천해보기 위해 무엇을 해야 할까?**

    - 지적 허세 패턴 극복: 회의에 들어가기 전, '모르는 것이 나오면 솔직하게 질문하자'라고 미리 마음속으로 다짐하기. 전부 질문하기 어렵다면, 딱 한 번만이라도 "그 부분은 제가 잘 모르는 내용인데, 조금 더 설명해주실 수 있을까요?"라고 말할 기회를 엿보기.
    - 관계 속 허세 패턴 극복: 친구가 "요즘 어때?"라고 물었을 때, 무조건 "좋아"라고 답하는 대신, 잠시 뜸을 들인 후 "조금 지치는 일도 있네"라고 한마디만 덧붙여보기. 모든 것을 털어놓을 필요 없이, 솔직함의 문을 1퍼센트만 열어보기.
    - 첫인상 허세 패턴 극복: 새로운 사람에게 나를 소개하며 내 직업이나 경력을 과시하거나 꾸미고 싶은 욕구가 들 때, 딱 한 문장이라도 의식적으로 '팩트'만 담백하게 말하는 연습을 해보기.

⑤
내가 만든 지옥에서 탈출하기

내 안의 감독관으로부터 홀로서기

    타인의 욕망을 욕망하며 살아가는 우리를 확인했으니, 이제 더 깊숙이 우리를 통제하는 내면의 실체를 마주할 때다. 바로 우리 안의 '감독관', 즉 초자아다. 이 장에서는 프로이트와 니체의 통찰을 빌려 그 감독관의 정체를 파헤친다. 그리고 그와 정면으로 마주하는 고통스럽고도 고독한 과정을 통해 진정한 '나'를 만나기 위해서 홀로 서는 법을 연습해보자.

    하루가 저물면 육체의 고단함과 정신의 공허함이 남는다. 내가 어떤 하루를 살았는지조차 희미해지는 경험, 이것이 바로 현대인이 마주한 '존재론적 피로'의 심연이다. 삶의 본질적인 목적이나 방향에 대한 성찰은 뒷전으로 밀린다. 우리는 주어진 과제와 일정에 따라 수동적으로 반응하는 존재가 되어간다.

이러한 피로함은 존재 의미의 상실로 이어진다. 무엇을 위해 사는지, 어떤 가치를 추구해야 하는지 질문할 여유를 잃고 만다. 내 안의 지향점은 정보의 홍수 속에서 점점 희미해진다. 돛을 잃은 배처럼, 우리는 바람 부는 대로 떠밀리며 살아간다. 이는 개인의 문제를 넘어 사회 전반의 활력 저하와 창의성 고갈로 이어지는 심각한 현상이다.

우리를 이토록 얽매이고 지치게 만드는 진짜 원인은 무엇일까? 때로 지옥은 외부가 아니라 우리 안에 도사린 그림자에서 비롯된다. 이 그림자는 **'내면화된 압박'**이라는 이름으로 외부의 감시보다 더 집요하게 우리를 통제한다.

정신분석학자 지그문트 프로이트Sigmund Freud, 1856~1939는 인간의 정신이 이드id, 자아ego, 초자아superego로 구성된다고 보았다. 이 중 초자아는 내면의 감시자다. 끊임없이 우리를 비판하고 규율하며 압박하는 목소리로 작용한다.

초자아는 유년기의 경험, 부모의 훈육, 사회의 규범과 가치가 내면화된 정신의 일부로, 우리의 사고와 행동을 계속해서 감시하고 판단하며 죄책감과 불안을 유발한다. 초자아가 강해질수록 날것의 욕망과 솔직한 감정은 억눌린다. "그러면 못써", "착하게 살아야 해", "너 고작 이것밖에 안 돼?" 라는 명령과 비난이 내면에서 끊이지 않는다.

이 목소리는 완벽한 기준을 강요하며, 자아에 대한 불신과 무력감을 키운다. **반복되는 자기 검열 끝에 우리는 욕망하는 법조차 잊는다. 초자아가 만든 '이상적인 나'를 진짜 나로 착각하게 된다.** 이것이 바로 자아 상실의 비극이다.

아이러니하게도 우리를 가장 강하게 억누르는 것은 외부의 기준이 아니라 그것을 내면화한 우리 자신이다. 우리는 무의식적으로 내면의 초자아에 복종한다. 그것이 스스로 만든 철창이라는 사실조차 인식하지 못한다. 마치 채찍을 휘둘러 노예를 착취하는 감독관처럼, 우리는 내면의 초자아에 의해 쉼 없이 내몰린다.

초자아는 어린 시절 보고 배운 '이상적인 삶'의 청사진을 제시하고, 그 기준에 맞춰 현재의 우리를 검열한다. 더 좋은 직업, 더 넓은 집, 더 많은 인정… 이 '모범 답안'을 따르지 않으면 죄책감을, 따르면 안도감을 느끼게 만든다. 그 결과 우리는 자신도 모르게 타인의 욕망을 좇는다. 이 '모방된 욕망'은 우리를 교묘하게 통제하고, 진짜 원하는 것에서 멀어지게 한다.

진정한 자유는 바로 이 모방된 욕망으로부터 벗어나는 데서 시작된다. 내면 깊은 곳에서 울려나오는 본연의 목소리에 귀 기울이고, 그것이 외부의 영향에 얼마나 왜곡되었는지 성찰하는 일이야말로 자아 통합을 향한 필수 과정이자 자유를 향한 중요한 전환점이다. 이 과정은 고통스러울 수 있지만 동시에 깊은 치유와 성장을 수반한다.

자유에 대한 인식이 외부 제약의 부재를 넘어 내면의 주체성으로 확장될 때, 우리는 비로소 진정한 자유의 길에 발을 내디딜 수 있다. 어린 시절 우리는 '하고 싶은 것을 마음껏 하는' 자유를 꿈꿨다. 하지만 어른이 되어 마주한 자유는 훨씬 복잡하다. 그것은 '내가 진심으로 원하는 것은 무엇인가?' 스스로 묻고, 그 욕망을 외부의 시선에 굴하지 않고 실현해가는 용기다. 여기서 중요한 것은 바로 '욕망의 주체성'이다.

욕망의 주체성은 내면 인식에서 멈추지 않는다. 그것은 자신의 욕망을 외부 세계에 표현하고 현실 속에서 구현하는 '자기표현의 용기'를 필요로 한다. 예술가가 자신의 내면 세계를 표출해 새로운 가치를 창조하듯, 우리 또한 자신만의 욕망과 생각을 삶의 방식으로 드러내야 한다. 이때의 표현은 타인의 평가에 휘둘리지 않고 오직 자신의 내면적 진실에 근거해야 한다.

이런 태도는 니체가 강조한 '삶의 예술가'라는 개념과 깊이 연결된다. 니체는 인간이 주어진 삶을 수동적으로 살아가는 존재가 아니라, 자신의 삶을 하나의 예술작품으로 빚어가는 존재가 되어야 한다고 말했다. 물론 그 과정에는 사회적 압력, 실패, 좌절이 뒤따른다. 하지만 그럼에도 자신의 삶에 대한 주권을 포기하지 않는 용기에서 진정한 자유가 발현된다. 자신만의 고유한 색과 형태를 잃지 않고, 세상 앞에 온전히 자신을 드러내는 힘, 그것이야말로 자유로운 존재의 가장 분명한 증표다.

니체가 말한 자유는 억압으로부터의 해방만이 아니다. 자신의 욕망과 운명을 사랑하며 능동적으로 삶의 형태를 창조하는 실천이다. 이때 자유는 타인의 관심에 반응하지 않고 스스로 결정하고 책임지는 능력과 직결된다. 삶을 창조하는 예술가로 산다는 것은, 남들과 다른 방식을 택하고 때로는 고독을 감수한다는 뜻이기도 하다.

예를 들어, 어떤 분야의 전문가는 단순히 타인의 지시를 따르지 않는 사람과 다르다. 전문가는 깊은 이해와 통찰을 바탕으로 새로움을 창조하고 방향을 선도하는 역량을 갖춘 사람이다. 그런 역량은 수많은 시행착오와 좌절, 고통스러운 인내의 시간을 거쳐야만 얻어진다. 그 과정은 대부분 혼자 걸어야 한다.

자유의 길은 때때로 고독하다. 사회적 통념이나 다수의 의

견을 따르지 않을 때 우리는 고립감과 소외감을 경험한다. 그러나 그 고독은 역설적으로 내면의 힘을 단련시키고 자신의 가치를 더욱 명확하게 다지는 기회를 제공한다.

홀로 서는 용기 없이는 자아가 형성되기 어렵다. 우리는 관계 속에서 사회적 자아를 발전시키지만, 온전한 나를 만나는 시간은 고독 속에서만 허락된다. 여기서 고독이란 물리적 고립이 아니다. 타인의 평가와 기대라는 소음으로부터 의도적으로 거리를 두는 것이다. 그 고요함 속에서 우리는 비로소 내면의 목소리에 귀 기울일 수 있다. 수많은 모방된 욕망 사이에서 나의 진짜 욕망을 분별하고, 나만의 가치 체계에 따라 삶의 방향을 설정하는 자기 창조의 시간. 그것이 홀로서기가 우리에게 주는 선물이다.

궁극적으로 자유는 존재론적 질문이자 실천이다. 외부의 억압을 넘어 내면의 두려움과 불안, 그리고 '너는 ○○해야만 한다'고 명령하는 내면의 감독관으로부터 해방되는 것이다. 그 과정은 자신과의 끊임없는 대화와 성찰, 때로는 고통스러운 자기 직면을 통해 이루어진다.

자신의 강점과 약점, 욕망과 두려움을 있는 그대로 받아들이는 과정 없이는 진정한 자유를 누릴 수 없다. 이는 잃어버린 자아를 통합하고, 자신의 삶에 능동적으로 의미를 부여하는 실존적 작업이다. 이 모든 노력이 우리를 '진정한 나'로 이끌며, 삶의 주체로 온전히 서게 한다.

자유는 거창한 혁명이나 갑작스러운 변화에서 시작되지 않는다. 오히려 일상 속 작은 실천들이 모여 큰 변화를 이룬다. 그것은 우리의 인식과 행동을 미세하게 조정하며, 마침내 삶 전체의 지형을 바꾸는 '미세한 혁명'이다.

나는 매 학기 '아이캔대학' 졸업생들에게 한 가지를 꼭 당부한다.

"1박 2일이라도 혼자 여행을 다녀오세요."

지극히 단순한 권유다. 특별한 준비나 많은 비용이 필요한 일도 아니다. 그러나 실제로 실행하는 사람은 의외로 드물다. 이유는 백 가지도 넘는다. "시간이 없어요." "아이를 돌봐야 해요." "돈이 부족해요." "혼자 가면 너무 불안해요." "가족들이 싫어할 거예요." "회사 일이 바빠서 엄두가 안 나요." 이 모든 말 뒤에는 사실 더 근본적인 이유가 숨어 있다. '나는 과연 그렇게 해도 되는 사람인가?'

그 질문의 뿌리에는 욕망의 주체성을 타인에게 넘겨버린 우리가 있다. 스스로의 욕망을 신뢰하기보다, 타인과 사회가 만든 역할에 갇혀 '이렇게 해도 괜찮을까?'라고 허락을 구하는 것이다. 이 문제는 '나는 내 삶의 주인이 맞나?'라는 근본적인 질문과 맞닿아 있다. 내면의 감독관이 부여한 역할에 부합하고자 하는 삶은 필연적으로 자기표현의 용기를 거세하고, 자신의 욕망에 스스로 유죄를 선고한다. '승인 의존적인 자유'는 우리가 학습한 가장 강력한 억압 중 하나다.

하지만 혼자 여행을 다녀온 사람들의 말은 전혀 다르다. 그들의 눈은 빛나고 목소리에는 생기가 돈다. 여행에서 돌아온 한 졸업생은 내게 이렇게 말했다.

"교수님, 저는 그동안 제가 정말 책임감 있는 엄마이자 아내라고 생각했어요. 그런데 여행을 다녀오면서, 사실은 제가 저 자신에게 자유로울 허락을 한 번도 하지 않았다는 걸 깨달았어요. 이런 게 나였구나, 이런 내가 숨어 있었구나 싶어서 깜짝 놀랐어요. 단 이틀이었는데도 몇 년간 묶여 있던 끈이 풀린 느낌이었어요."

나 역시 아이들이 어릴 적에는 주말마다 의무감에 시달리는 가장이었다. 낑낑대며 텐트를 치고, 하나라도 더 보여주려 아이들을 끌고 다녔다. 무언가 남겨야 한다는 강박에 풍경을 즐기기보다 카메라 셔터를 누르기에 바빴다. 그러다 2003년 고즈넉한 여주로 이사하고 나서야 비로소 나만의 시간을 갖게 되었다.

어느 날 알랭 드 보통의 《여행의 기술》에서 연필 데생에 대한 구절을 읽다 머리를 한 대 맞은 듯한 충격을 받았다. 스쳐가는 풍경을 '소유'하는 대신 그 풍경에 온전히 스며들어 '하나가 되는' 방법에 대한 통찰이었다.

  그날 이후 나의 여행은 '계획'에서 '출발'로 중심이 옮겨 갔다. 치밀하게 계획을 세워 기차를 예약하기보다, 마음만 서면 언제든 떠날 수 있는 시외버스를 택한다. 때로는 행선지도 정하지 않은 채 터미널로 가서, 노선도를 보며 마음이 끌리는 곳으로 향한다. 버스 안에서 비로소 행선지를 검색하고, 시청이나 군청 홈페이지에서 그 지역의 역사와 문화를 훑어본다. 현지에서는 한두 곳만 둘러보며 그곳의 공기와 내면을 울리는 기운을 온몸으로 느낀다. 시골 버스정류장 벤치에 앉아 책을 읽는 시간은 그 자체로 충만한 휴식이 된다.

  사진은 정말 감동적인 순간에만 단 한 장 찍는다. 대신 수시로 메모한다. 알랭 드 보통의 말이 생각나 가끔은 수첩에 스케치를 하기도 한다. 그리고 밤에는 숙소에서 그날 찍은 몇 장의 사진을 문서파일에 넣고, 메모와 기억을 더듬어 여행기 초고를 쓴다. 그 기록에는 풍경에 대한 감상뿐 아니라 내면의 감정과 생각이 고스란히 담긴다. 이것이 내가 실천하는 자유의 최고 심급審級이며, 이 감각을 일상에서도 붙잡으려 노력하는 것이 나의 오랜 습관이다.

  "이런 게 나였어요." "단순한 경험이 이런 깊은 울림을 줄 줄 몰랐어요." 졸업생들의 이런 이야기를 들을 때마다 나는 다시금 실감한다. 자유는 거창한 선언에서 오는 것이 아니라 아주 작고 소박한 일탈의 순간에서 시작된다는 것을. 이는 삶의 책임을 저버리는 방임과 다르다. 오히려 잠시 멈춰 '나'라는 존재를 돌보는 일이야말로 가장 깊은 의미의 자기 책임일 것이다.

'나다움'을 경험하는 순간은 언제나 견고한 구조에 작은 균열이 생기는 지점에서 열린다. 그 균열은 계획 없는 여행, 뜻밖의 선택, 혹은 조용한 거절의 용기일 수 있다. 자유는 그렇게 소리 없이 다가와 우리에게 조심스럽게 속삭인다.

"지금이야말로 너의 삶을 너의 것으로 만들 기회야!"

진정한 자유는 내 안의 진짜 목소리를 듣는 데서 시작된다. 기록은 그 목소리를 세상 밖으로 꺼내는 가장 안전하고 정직한 방법이다. '나는 사실 ○○을 원했다'라고 적는 순간, 우리는 더 이상 외면할 수 없는 '나'와 마주한다. 이러한 욕망과 두려움의 리스트를 쓰면서 나는 무엇을 갈망했는지, 무엇이 나를 망설이게 했는지 명확히 보게 된다. 낡은 의무와 타인의 시선을 내려놓고 떠난 혼자만의 여행에서, 우리는 비로소 침묵하던 감정과 생각, 삶의 방향을 직면한다. 그 모든 순간을 기록으로 남길 때 자유는 추상적 개념이 아닌 분명한 궤적을 가진 실천이 된다.

자유는 어느 날 갑자기 '얻는' 것이 아니라, 끊임없이 '되어가는becoming' 과정이다. 그 과정 자체가 삶의 가장 위대한 예술이자 의미가 된다. 우리는 자유를 통해 삶의 무의미를 극복하고 자신만의 고유한 가치를 창조하는 존재다. 기록은 삶을 되찾는 도구이자, 그 되찾은 삶을 스스로 증명하는 방법이다. 단 한 문장이라도 좋다. 오늘의 '진짜 나'를 적고, 자유를 향한 여정을 시작해보자.

실천적 성찰

내 안의 진짜 목소리 찾기
욕망과 두려움 리스트

우리의 내면은 수많은 목소리가 뒤섞인 거대한 서고와 같다. 그곳에는 사회가 주입한 '모범 답안(모방된 욕망)'이라는 공식 문서와, '너는 ○○해야만 한다'라고 경고하는 내면의 비판자(초자아)의 공문이 나뒹군다. 이 소음 속에서 나의 진짜 목소리는 찢어진 쪽지처럼 구석에 처박혀 있기 일쑤다. 이번 실천은 이 서고를 정리하는 첫 작업이다. 어떤 외부의 제약이나 현실적 조건도 고려하지 않고, 오직 '나'라는 원사료 primary source를 발굴해 목록으로 만드는 연습이다.

1. 인생의 여러 영역(가족, 능력, 취미, 일탈, 일 등)에서, 내가 진정으로 '하고 싶다'고 느끼는 것을 1~3개씩 적는다. 그리고 그 욕망을 가로막는 내 안의 목소리, 즉 '실행하지 못하는 진짜 이유(두려움)'를 솔직하게 마주해보자.

   ☐ **나의 진짜 욕망**: 그림을 배우고 싶다, 훌쩍 여행을 떠나고 싶다 등.
   ☐ **실행하지 못하는 진짜 이유(두려움)**: 재능이 없어 남들이 비웃을지도 모른다, 휴가로 회사에서 자리를 비우면 지위가 불안할 것 같다 등.

2. 앞에서 적은 욕망 리스트 중 지금 당장 나를 가장 설레게 하는 단 하나의 욕망은 무엇인가?

☐ **단 하나의 욕망**: 그림을 배우고 싶다.

3. 그 욕망의 실현을 가로막는 내 안의 목소리(두려움)를 이겨내고, 이번 주 안에 그 욕망을 실현하기 위해 언제, 무엇을, 어떻게 할 것인지 아주 작은 첫걸음을 계획하고 기록해보자.

[언제] 이번 주 토요일 오전, 식구들이 모두 외출한 후에. [어디서] 내 방 책상에서. [무엇을] '초보 드로잉' 영상을 보며 A4용지에 선 긋기 연습 10분 해보기.

실천적 성찰

나를 만나러 가는 여행
첫 혼자 여행을 위한 준비물 체크리스트

'혼자 여행'은 무언가를 채우러 가는 것이 아니라 비워내기 위해 떠나는 여정이다. 일상이라는 빼곡한 서고에서 잠시 벗어나 의도적으로 여백을 만드는 시간이다. 따라서 이 체크리스트는 '철저한 계획서'가 아니다. 오히려 최소한의 것만으로 최상의 사유를 길어올리기 위한, 기록학적 '선별'에 가깝다. 핵심은 '챙겨야 할 것'보다 '내려놓고 갈 것'에 있다. 후자야말로 나를 옭아매던 낡고 불필요한 생각들(역할, 의무감, 타인의 시선)을 의식적으로 '폐기'하는 진정한 준비 과정이다. 이 의도된 여백과 고요함 속에서야 비로소 우리는 먼지 쌓인 서랍 속에서 잠자고 있던 진짜 자신을 발견하게 된다.

1. 챙겨야 할 것(물리적 준비물)

- [ ] 편한 신발: 나를 좋은 곳으로 데려다줄 가장 중요한 준비물.
- [ ] 좋아하는 책 한 권: 기차 안이나 카페에서 혼자만의 시간을 풍요롭게 해줄 친구.
- [ ] 필기구와 노트: 여행 중 떠오르는 생각과 감정, 새로운 나를 기록할 도구.
- [ ] 이어폰: 세상의 소음과 잠시 단절되고 싶을 때를 위한 이어폰과 나만의 플레이리스트.
- [ ] 약간의 현금: 카드결제가 안 되는 예상치 못한 맛집이나 장소를 만날 경우를 대비.

2. 내려놓고 갈 것(정신적 준비물)

- [ ] '역할'이라는 이름표: '○○이 엄마'나 '○○○ 부장'이 아닌, 오롯이 '나' 자신으로 존재하기.
- [ ] '○○해야 한다'는 의무감: 계획대로 움직여야 한다는 강박을 내려놓고 발길 닿는 대로 움직여보기.
- [ ] 타인에 대한 걱정과 미안함: '나 없으면 안 될 텐데'라는 생각은 잠시 접어두기. 세상은 생각보다 잘 돌아간다.
- [ ] 스마트폰 중독: SNS를 확인하고 싶은 욕구를 잠시 참고 대신 주변 풍경과 나의 마음에 집중하기.

3. 이번 여행에서 가장 '나다웠던' 순간은 언제였나?

- ☐ 맛집을 검색하는 대신 발길 닿는 대로 들어간 허름한 식당에서 의외의 만족을 느낀 순간.
- ☐ 계획 없이 벤치에 앉아 한 시간 동안 멍하니 바다만 바라보며 '시간을 낭비해도 괜찮다'고 느낀 순간.
- ☐ 남들이 다 가는 관광지가 아니라, 우연히 발견한 낡은 서점에서 잊고 있던 내 취향의 책을 발견한 순간.

4. 혼자였기에 비로소 발견한 나의 새로운 모습이나 생각은 무엇인가?

- ☐ '나는 길치라서 혼자는 위험해'라고 생각했는데, 막상 길을 잃으니 침착하게 길을 묻고 해결해내는 내 모습을 발견했다.
- ☐ 늘 사람들과 함께여야 에너지를 얻는다고 믿었는데, 고독 속에서 오히려 마음이 편안하고 깊이 충전되는 것을 느꼈다.
- ☐ 가만히 있으니, 내 생각이 얼마나 자주 '타인의 시선'과 '미래에 대한 걱정'으로 향하는지 객관적으로 관찰할 수 있었다.

5. 일상으로 돌아와서도 붙잡고 싶은 '자유의 감각'은 무엇인가? 그것을 지켜나가기 위해 무엇을 할 것인가?

    ☐ **자유의 감각**: 시간에 쫓기지 않고 오직 내 속도대로 움직일 수 있었던 여유.
    ☐ **지켜나갈 행동**: 하루에 단 15분이라도 '아무것도 예정되지 않은 시간'을 의도적으로 확보하기. 점심시간에 회사 근처 벤치에 앉아 잠시 휴식하거나, 퇴근 후 바로 집에 가지 않고 서점에 들러 15분간 책 구경하기.

2부

변화

나를 묶는 것들과의 결별

⑥
내가 행복할 수 있는 속도와 방향은?

자기계발이라는 신화와 허상

내 마음의 목소리에 귀 기울이고 고통스러운 자기 직면을 감수하는 용기, 그것이 자유의 조건임을 확인했다. 하지만 현대 사회는 이를 쉽게 허락하지 않는다. 오히려 '자기계발'이라는 새로운 족쇄를 채우며 자율성과 주체성을 왜곡한다. 이 장에서는 미셸 푸코와 한병철의 시선을 따라 '노력하면 된다'는 긍정의 구호가 어떻게 우리를 스스로 착취하게 만드는지 그 구조를 폭로한다. 그리고 참된 성장을 위한 새로운 기준, 즉 '역량'을 제시한다.

우리는 '열심히 노력하면 원하는 삶을 살 수 있다'고 굳게 믿는다. 서점에는 성공을 약속하는 자기계발서가 넘쳐난다.

유명인의 강연은 노력의 신화를 설파하고, 사람들은 다이어리를 빼곡히 채우며 하루를 분 단위로 계획한다. 이 모든 노력은 겉보기에 나를 위한, 즉 개인의 성장과 발전을 위한 것으로 보인다.

하지만 문득 의문이 든다. 이 모든 노력이 정말 내 안에서 우러난 선택일까? 세상이 요구하는 성공 기준에 맞추기 위한 강요된 노력은 아닐까? 우리는 종종 이 둘을 구분하기 어렵다. 노력이라는 이름 아래 스스로를 착취하고 있는 건 아닌지 씁쓸한 의문이 든다.

내가 쉬지 않고 움직이는 이유는 나 자신의 만족이나 자아실현의 열망 때문이 아닐 수 있다. 성과 중심 사회가 부과한 기준에 미치지 못할지도 모른다는 불안감 때문일 수 있다. 이런 자기 착취는 '자유로운 선택'이라는 가면을 쓰고 우리 삶 깊숙이 침투한다.

매년 다이어리에 목표를 쓰고 루틴을 계획하며 새로운 삶을 다짐하지만 이내 흐지부지되는 '작심삼일'의 경험도 이로써 설명된다. 어쩌면 나를 위한 실천이라 믿었던 기록과 계획이, 사실은 '지켜야 할 의무'로 작동하면서 나를 몰아붙이기 때문일 것이다.

기록은 때로 자기 착취의 흔적을 적나라하게 드러낸다. 목표 달성 여부와 빈틈없는 스케줄을 강박적으로 기록하는 행위 자체가 나를 옥죄는 증거가 된다. 나를 위한 도구였던 기록이 어느새 나를 평가하고 채찍질하는 감시자의 노트가 되어버린 것이다.

나에게도 자기계발이 자기 착취로 변질된 경험이 있다. 모든 것을 걸고 떠난 일본 유학 초기, 나는 완벽주의에 사로잡혔다. 수재들만 모인다는 도쿄대의 공기가 나를 짓눌렀다. 뒤처지면 끝장이라는 생각에 대학원 수업과 일본어 학원을 병행했다. 이미 일본어에 능숙했던 터라 주변 동료들은 고개를 갸웃거렸다. "어차피 6개월만 지나면 일본어는 자동으로 되는데 왜 그렇듯 유별나게 구느냐"는 것이었다. 하지만 나는 아랑곳하지 않고 일본인 특유의 표현과 억양까지 완벽하게 구사하려고 나를 몰아붙였다.

2년쯤 지났을까, 한국에서 오신 지도교수님의 학술발표회 통역을 맡았다. 무사히 통역을 마치고 함께한 저녁식사 자리에서 교수님이 의미심장한 말을 건넸다.

"김 군, 일본어를 참 일본 사람처럼 하는군."

그 순간은 지금도 뇌리에 선명하다. 집으로 돌아오는 내내 그 말이 머릿속을 맴돌며 충격으로 변해갔다.

'일본 사람처럼'이라니, 나는 누구를 흉내 내고 있었던 걸까? 완벽한 일본어 구사를 위해 나는 억양부터 표현까지 나 자신을 지우고 있었다. 정작 내 스타일의 한국말마저 잊어가는 기분이었다.

그날 이후 나는 '나다운 일본어'를 하기로 마음먹었다. 의도적으로 말의 속도를 늦추고, 내 한국어 말투처럼 강조할 부분은 강조했다. 자연스러운 나로 돌아온 것이다. 그 깨달음은 공부의 방향까지 바꿨다. '평가받기 위한 공부'가 아니라 '내가 알고 싶은 공부', '내가 추구하는 공부'를 시작했다.

무작정 자신을 몰아붙이는 노력은 자기 착취일 뿐이다. 참된 성장은 '나다운 성실함'을 바탕으로 한 자유로운 실행 속에 있다. 우리는 진지하게 자문해야 한다. 지금 내가 하는 이 노력이 정말 '나'를 위한 것인가?

그러나 우리가 '노력'이라는 이름 아래 자신을 몰아붙이는 것이 단순히 개인의 의지 때문만은 아니다. 그 이면에는 우리를 길들이고 통제하는 정교한 권력 구조가 숨어 있다. 이 숨은 권력의 실체를 날카롭게 분석한 철학자가 바로 미셸 푸코Michel Foucault, 1926~1984다.

푸코는 현대 사회를 '규율사회disciplinary society'라고 규정했다. 그의 통찰에 따르면, 과거의 권력은 법과 강제력으로 사람들을 통제했지만, 근대 이후의 권력은 다르다. 병원, 학교, 군대, 회사 등 일상에 스며든 제도 속에서 우리를 '규칙 따르는 존재'로 끊임없이 훈련하고 조율한다. 이런 공간들은 단순한 장소가 아니라 우리를 관찰하고 측정하고 비교하며 내면의 복종을 이끌어내는 장치로 기능한다.

고전적 권력은 '위에서 아래로' 작동하는 물리적 통제였다. 그러나 푸코는 《감시와 처벌》*에서 권력의 정수를 '팬옵티콘panopticon'이라는 감시 체계로 설명했다. 학교, 병원, 공장, 군대, 감옥 같은 규율 시설은 물리적 벽과 감시탑, 명확한 규칙과 처벌을 통해 개인의 신체를 통제하고 길들인다. 나아가 규율사회는 감시자의 시선과 침묵의 명령을 통해 사람들을 '정상'이라는 기준에 맞게 조율하면서 '복종적 주체'로 재구성한다.

군 복무 시절, 나는 이런 권력의 실체를 뼛속 깊이 체감했다. 알다시피, 군대에서 가장 무서운 존재는 간부가 아니라 같은 사병들인 경우가 많다. 눈치 빠른 고참들은 간부의 명령보다 먼저 분위기를 읽고, 암묵적인 행동지침을 만들어 다른 사병들을 은근히 감시하고 통제한다. 명시적 지시가 없어도 모두가 알아서 통제되는 구조, 외부의 강제 없이도 내면화된 감시를 통해 스스로 복종하는 메커니즘. 이것

- 미셸 푸코, 《감시와 처벌》, 나남. 만연체에다 유럽의 병원, 학교, 감옥에 대한 역사적 사실을 담고 있어 읽기가 쉽지 않다. 하지만 이 책을 읽으면 근대 사회의 본질이 무엇인지, 우리의 자유를 속박하는 은밀한 권력이 무엇인지 제대로 깨달을 수 있다.

이 바로 푸코가 말한 규율 권력의 작동 방식이다.

철학자 한병철韓炳哲, 1959~은 푸코의 이론에서 한 걸음 더 나아간다. 푸코가 규율사회의 권력을 감시와 통제로 분석했다면, 한병철은 이 권력이 오늘날 더욱 정교하고 내면화된 방식으로 작동한다고 진단한다. 그는 《피로사회》**에서 오늘날의 사회를 더 이상 규율사회가 아니라, 개인이 스스로를 감독하고 채찍질하며 끊임없이 성과를 요구하는 '성과사회performance society'라고 진단한다. 감시와 처벌의 주체가 외부에서 내부로 옮겨간 것이다.

성과사회에서는 누가 우리를 억압하지 않아도 자발적으로 자신을 몰아세운다. 우리는 '나는 할 수 있다', '더 노력해야 한다'는 슬로건 아래 자신을 독려하지만, 그 반복 속에서 지치고 피로해진다. 자유로운 선택처럼 보이지만, 실은 내면화된 경쟁과 비교의 논리가 만든 또 다른 규율이다.

이제 우리를 직접 감시하거나 처벌하는 존재는 보이지 않는다. 우리는 자유롭게 선택하고 행동하는 듯하다. 그러나 역설적으로, 우리는 어느 때보다 더 깊이 자기계발과 경쟁

●● 한병철,《피로사회》, 문학과지성사.《감시와 처벌》에 이어서 바로 이 책을 읽기 바란다. 근대적 규율 권력이 현대에 와서 어떻게 변모했는지 적나라하게 보여준다. 성과 지향적 현대 사회가 우리를 어떻게 자기 검열하게 하고 피폐하게 만드는지를 짧지만 굵게 논하고 있다.

2부 변화_나를 묶는 것들과의 결별

의 압박에 시달린다. 외부의 명령 없이도 스스로를 다그치며 성과를 내기 위해 몸부림친다.

한병철은 바로 이 점에서 성과사회가 규율사회보다 더욱 교묘하고 무섭다고 말한다. 현대인은 스스로를 통제하고 자신에게 높은 기준을 부과함으로써 보이지 않는 족쇄를 차고 살아가는 셈이다. 한병철은 이를 '자유라는 이름으로 포장된 자기 착취의 시대'라 명명한다. 이 사회에서 개인은 피로와 번아웃에 이르러서야 비로소 탈진한 자유의 실체를 직면하게 된다고 경고한다.

'실력'만 키우면 모든 것이 해결된다는 믿음은 자기 착취를 당연시하는 시대가 만든 위험한 착각이다. 자유를 위해서는 이 통념을 넘어설 새로운 시각이 필요하다. 성과주의의 문제를 진단했다면, 이제는 새로운 해법을 모색해야 한다. 그 대안적 관점을 제시한 인물이 바로 노벨경제학상 수상자 아마르티아 센Amartya Sen, 1933~ 이다.

센은 소득이나 성장률, 또는 '실력' 같은 전통적 지표보다 '역량capability'이야말로 삶의 질과 자유를 판단하는 핵심 기준이라고 보았다. 그에게 역량은 어떤 일을 수행할 수 있는 기술, 즉 기능을 넘어선 개념이다. 기능이 '무엇을 할 수 있는가'에 초점을 맞춘다면, 역량은 '어떤 삶을 선택하고 실현할 수 있는가'에 초점을 맞춘, 실제적 자유와 기회를 의미한다. 그는 이를 다음과 같은 비유로 설명한다.

"어떤 사람이 빵이 없어서 굶주리는 것과, 빵을 얻을 수 있음에도 스스로 금식하기로 선택하는 것은 완전히 다르다. **단순히 '빵을 얻는 것'보다 '빵과 금식 사이에서 선택할 수 있는 자유'가 더 중요하다.**"

소득이 높다고 자동으로 자유로운 것은 아니다. 중요한 것은 그 소득으로 삶의 선택지를 얼마나 확보할 수 있느냐 하는 가능성이다. 센은 이 점에서 '소득'과 '역량'을 명확히 구분했다. 예를 들어 부유한 국가에 살아도 정치적 자유나 교육의 기회를 박탈당했다면 그는 진정으로 자유로운 상태라고 할 수 없다.

마사 누스바움 Martha Nussbaum, 1947~ 은 센의 이론을 더욱 발전시켜, 인간다움을 위한 10가지 '필수 역량 central capabilities'을 제시했다.* 그녀는 이 역량이 경제적 풍요를 넘어 삶을 따뜻하고 풍성하게 살아가기 위한 근본 조건이라고 보았다.

- 마사 누스바움, 《역량의 창조》, 돌베개. 인간다운 삶을 위해 최소한 보장되어야 하는 10대 핵심 역량을 제시한 대표작이다. 그런데 우리는 그 '최소한의 보장'은 외면하고 즉각적 성공에 매달려 실질적 성장을 포기하며 산다. 삶의 능력이란 무엇인지, 자유롭기 위해 어떤 역량을 제대로 키워야 하는지 알려면 이 책을 보기를 권한다. 공교육에서 가르쳐주지 않으면 독서를 통해 우리 스스로라도 깨우쳐야 한다.

누스바움은 이 역량들이 모든 인간에게 보편적으로 보장되어야 할 권리이며, 사회가 제공해야 할 최소한의 기회라고 강조한다. 이들은 각기 독립적인 것이 아니라 서로 긴밀히 연결되어 있어, 어느 한 역량이라도 결핍된다면 인간다운 삶이 온전히 이루어질 수 없다고 보았다.

센과 누스바움의 '역량' 개념은 학문적 담론에 머물지 않고, 국제사회가 '인간다운 삶'을 측정하는 기준 자체를 근본적으로 바꿔놓았다. 그 대표적인 사례가 바로 유엔개발계획UNDP이 제시한 인간개발지수Human Development Index, HDI다.

"국가의 부富가 국민의 행복을 보장하지 않는다"는 문제의식에서 출발한 HDI는 GDP 같은 경제지표를 넘어, 인간의 '자유'와 '역량'을 실질적으로 측정하고자 한다. 구체적으로 다음의 세 가지 핵심 역량을 종합적으로 평가한다.

1. 건강하고 창의적인 삶을 누릴 역량: 단지 질병이 없는 상태가 아니라 신체적·정신적으로 온전히 활동할 수 있는 기초적인 자유를 의미한다.
2. 지식을 습득하고 활용할 역량: 교육은 개인이 사회에 적극 참여하고, 스스로의 삶을 설계하며, 비판적 사고를 가능하게 하는 핵심 자산이다.
3. 괜찮은 생활 수준을 누릴 역량: 소득은 그 자체로 목적

이라기보다 다양한 선택을 가능하게 하는 수단으로서 중요하다.

이처럼 HDI는 한 사람이 '실제로 어떤 삶을 선택할 수 있는가', 즉 '자유의 크기'를 보여준다. 국가 발전의 목표가 개인의 역량 확장에 있음을 분명히 한 것이다.

핀란드의 교육 시스템은 이런 철학을 잘 구현한 대표적인 사례로 꼽힌다. 핀란드는 학생 개개인의 역량 발달을 중심에 두고, 경쟁보다 협력과 자기 주도 학습을 강조해 세계적으로 높은 교육 성과를 이끌어냈다. 시험을 위한 주입식 교육 대신 삶 전체를 준비하는 배움에 초점을 맞춘 점에서, 핀란드는 '성장의 방향' 자체를 바꿨다고 할 수 있다.

그러나 한국의 교육은 여전히 입시 중심의 경쟁과 서열화에 머물러 있다. 이는 학생들의 자율성과 역량을 확장하기보다 정해진 기준에 맞추는 데 익숙하게 만든다. 그 결과, 성장은 자기 착취로 흐르기 쉽고 진정한 자유와도 멀어진다.

결국 센과 누스바움의 역량 중심 접근법은 우리에게 참된 자유란 무엇인지 되묻게 한다. 또한 그것을 실현하기 위해 개인과 사회가 어떻게 구조를 바꾸고 실천을 이어가야 하는지에 대한 깊은 통찰을 제공한다. 한 방향으로만 자신을 몰아붙이는 자기 착취가 아니라, 어떤 상황에서도 인간적 존엄을 지키며 살아낼 수 있는 역량의 심화, 이것이 우리를 자유로 이끈다.

우리는 누구나 자기만의 속도와 방식으로 살아갈 권리가 있다. 남들의 성과에 무작정 자신을 맞추는 것이 아니라, 내가 행복할 수 있는 속도와 방향을 찾는 것이 중요하다. 그것이야말로 성과사회의 고삐에서 벗어나 자유로 향하는 방법이다.

이때 기록학은 유용한 도구가 된다. 기록학은 한 시대와 사회가 어떤 지식과 행동을 '정상'으로 규정했는지 분석하는 학문이기도 하다. 푸코가 고고학적 분석을 통해 지배 담론의 작동 방식을 밝혔던 것과 같다. 기록을 살펴보면, 우리를 지배하는 인식의 틀을 성찰할 수 있다. 내가 나를 어떻게 검열했는지 돌아보는 일은 내가 어떤 권력 구조 속에 있는지를 파악하는 중요한 단서가 된다. 기록을 통해 우리는 내면화된 감시의 시선을 객관화하고, 그 영향력에서 조금씩 벗어나는 연습을 시작할 수 있다.

여기에 더해 나의 역량이 무엇인지, 어떤 삶을 진정 원하는지 알아가는 일 또한 기록 속에서 명료해진다. 숫자가 아닌 나만의 언어로 적은 문장들, 타인의 평가가 아닌 내가 나에게 쓴 피드백은 표준화된 성과 지표로는 측정할 수 없는 진짜 성장의 증거다.

성과사회에 맞춰진 타인의 성공 곡선을 흉내 내는 대신 매일의 기록 속에서 나만의 성장 곡선을 그려나가는 일이야말로 오늘날 우리가 되찾아야 할 '나다운 성실함'의 시작이다. 기록은 그렇게, 자유의 감각을 일상에 정착시키는 조용하고도 강력한 실천이 된다.

실천적 성찰

나의 삶을 위한 역량 지도 그리기
10가지 필수 역량 점검

우리는 '더 나은 나'가 되기 위해 노력하지만, 그 노력이 종종 나를 소진시키는 '자기 착취'가 되기도 한다. 이제 나의 삶이라는 기록의 총체를 펼쳐놓고, 어떤 기록이 너무 비대하고 어떤 기록이 방치되어 누락되었는지 살펴보는 '자산 평가'의 시간을 가져보자. 마사 누스바움이 제안한 10가지 필수 역량은 이 평가를 위한 객관적이고 권위 있는 분류 기준을 제공한다. 이 기준에 현재 나의 삶을 비춰봄으로써 앞으로 어떤 역량을 보강하고 발전시켜나갈지 구체적인 '나의 역량 지도'를 그릴 수 있다. 이는 잃어버린 기록을 복원하고 편중된 기록을 바로잡아 '나'라는 아카이브를 풍성하게 만드는 작업이다.

- 생명   건강하게 살아갈 권리
- 신체 건강   몸을 돌보고 관리하는 능력
- 신체 통합성   폭력으로부터 안전할 자유
- 감각, 상상, 사고   세상을 경험하고 창의적으로 생각하는 능력
- 감정   자신의 감정을 이해하고 표현하는 능력
- 실천적 이성   삶의 방향을 스스로 결정하는 능력
- 소속감   의미 있는 관계를 맺고 소통하는 능력
- 다른 생명체와의 관계   자연과 공존하는 능력
- 놀이   삶의 여유와 즐거움을 누리는 능력
- 환경 통제력   내 삶의 환경에 참여하고 개선하는 힘

1. 위 10가지 필수 역량에 대해 현재 나의 만족도(1~5점)를 점검하고, 그 이유와 함께 정말 이 역량을 키우고 싶은지 솔직하게 기록해보자.

   ☐ **필수 역량에 대한 나의 만족도는?** 감정 2점, 소속감 3점 등.
   ☐ **왜 그렇게 생각하는가?** 아이에게 화를 냈지만 다시 생각하니 화를 낼 정도의 상황은 아니었던 것 같다.
   ☐ **이 역량을 키우고 싶은가?** 키우고 싶다. 내 감정을 이해해서 더 잘 다루고 싶기 때문이다.

2. **나의 핵심 역량 정하기:** 지금 나에게 가장 필요하고 가장 키우고 싶은 나의 핵심 역량 3가지를 정해보자.

3. **역량 강화를 위한 작은 실천 계획:** 위에서 정한 3가지 핵심 역량을 키우기 위해, 다음 한 달 동안 시도해볼 수 있는 아주 작고 구체적인 행동을 각각 한 가지씩 적어보자.

   ☐ 핵심 역량 ① 감정 → 실천 계획: 하루를 마무리하며 '감정 일기' 쓰기. 오늘 가장 강하게 느낀 감정 하나에 이름을 붙여주고(서운함, 뿌듯함, 불안함 등), 언제, 왜 그런 감정이 들었는지 한두 문장으로 기록해보기.
   ☐ 핵심 역량 ② 놀이 → 실천 계획: 일주일에 한 시간 '성장'과 무관한 '멍 때리기 시간' 갖기. 좋아하는 음악을 틀어놓거나, 어린 시절 좋아했던 만화책을 보거나, 목적 없이 동네를 어슬렁거리기.
   ☐ 핵심 역량 ③ 감각, 상상, 사고 → 실천 계획: 매주 한 번 '연결 없는 것들 연결하기' 놀이. 서점에 가서 아무 잡지나 펼쳐 눈에 띄는 사진 하나(감각)를 고른다. 그 사진과 현재 내가 하고 있는 일(혹은 고민) 사이에 어떤 연관성이 있는지 엉뚱하게 상상하고(상상), 그 연결고리를 마인드맵으로 그려본다(사고).

⑦ 성장은 목표 달성과 경쟁이 아니다

자기계발이 아니라 생성의 시간

    성과사회가 강요하는 자기계발이 실은 자기 착취일 수 있다는 불편한 진실을 마주했다. 그렇다면 외부의 기준에 따른 성장이 아닌, 내 안에서 차오르는 진짜 성장은 어떻게 가능할까? 이 장에서는 들뢰즈의 '생성'과 푸코의 '자기 돌봄'을 통해 목표 달성의 강박에서 벗어난다. 그리고 삶의 과정 자체를 즐기며 나를 가꾸는 지속 가능한 자유의 기술을 탐색한다.

    자기계발이 외부의 성과와 기준에 의존하는 강요된 노력이라면, 자기 성장은 내면의 기준과 세상과의 살아 있는 상호작용에서 비롯된다. 프랑스 철학자 질 들뢰즈Gilles Deleuze,

1925~1995는 '생성becoming'이라는 개념으로 이를 설명했다. 그는 '나'란 완성된 존재가 아니라 평생에 걸쳐 끊임없이 변화하며 만들어가는 존재라고 보았다.

이때 성장은 정해진 목표를 향한 직선 경주가 아니다. 좋은 사람, 좋은 책, 좋은 경험과 영향을 주고받으며 나도 모르는 사이 어제의 나와는 다른 존재가 '되어가는' 과정에 가깝다. 나무가 특정 높이를 목표로 자라는 것이 아니라 햇빛과 물, 바람에 반응하며 고유한 형태로 자라나는 것처럼 말이다. 억지로 결과를 만드는 것이 아니라, 자연스러운 관계와 흐름 속에서 변화가 저절로 일어나는 것, 이것이 바로 들뢰즈가 말한 '생성'이다.

생성은 고정된 존재being가 아니라, 끊임없이 변화하고 새롭게 구성되는 과정becoming으로서의 나를 뜻한다. 이는 외부의 평가나 기준에 얽매이지 않고 내면의 역동성과 성장의 리듬에 집중하는 삶의 태도다. 그 속에서 우리는 점차 자신을 깊이 이해하고 이전에 몰랐던 가능성을 발견한다. 이 모든 배움은 주입식 교육처럼 강요된 학습이 아니라, 자발적 호기심과 즐거움에서 비롯된 내적 확장이다.

진정한 자기 성장은 목표 달성을 강제하지 않는다. 대신 나와 타인, 세상과의 끊임없는 교감과 상호작용을 통해 이루어진다. 우리는 책을 읽고, 사람을 만나고, 새로운 경험을 하면서 점차 더 깊이 자신을 이해하게 된다. 이전에 없던 생각과 감정, 세계를 마주한다. 예기치 못한 대화, 낯선 장소, 우연히 만난 문장이 내면의 진동을 일으키는 순간이야말로 생성이며 성장이다.

한 권의 책을 읽다 특정 문장에 깊은 울림을 느끼고, 그 문장을 계기로 새로운 사유가 열리는 순간이 있다. 친구와의 대화 속에서 문득 깨달음을 얻거나, 낯선 장소에서의 예상치 못한 경험으로 시야가 넓어지는 것도 마찬가지다. 이것이 생성, 바로 자기 성장의 순간이다. 자기 성장은 목표나 경쟁이 아니라 공존과 조화 속에서 이루어진다. 이는 타인과 세계를 '이겨야 할 대상'이 아닌 '함께 성장할 존재'로 인식하고 상호작용하는 데서 비롯된다.

경기도 여주로 이사 간 것은 내 인생에서 가장 잘한 선택이었다. 40대 초반부터 20년 이상 한 시간 반이 넘는 길을 오가는 '주말 부부'의 삶이 시작되었다. '3대가 덕을 쌓아야 가능하다'는 농담이 내게는 딱 맞아떨어졌다고나 할까. 누군가에게는 그 시간이 피로와 고통일지 모르지만, 나에게 그 길 위에서의 시간은 누구에게도 방해받지 않는 고독의 시간이자 새로운 사유가 태동하는 창조의 공간이었다. 차창 밖으로 스치는 사계절을 느끼고, 좋아하는 노래를 따라 부르며, 나는 그 시간을 온전히 나만의 것으로 만들었다.

그 고독 속에서 어느 날 문득 하나의 질문이 떠올랐다. "기록은 왜 국가나 공공기관만이 책임져야 하는가? 예술, 마을, 개인의 삶 역시 소중한 기록의 대상이 아닌가?" 나는 여주 집에 도착하면 그 생각을 놓치지 않고 메모했고, 학교 연구실에서는 틈틈이 관련 자료를 찾아 생각을 구체화했다. 연구실에서는 논리를 다듬고, 여주 집에서는 아이디어를 숙성시키는 일상의 리듬이 나를 멋진 성과로 이끌었다.

두 달여의 시간이 흐른 뒤, 나는 대학원에서 '기록학의 새로운 지평'이라는 주제로 발표를 했다. 이 발표는 이후 내 연구와 실천의 중요한 토대가 되었다. 이렇듯 기록학자로서 나의 성장은 치밀한 연구계획서가 아니라, 일상 속에서 우연과 만나고, 메모와 기록을 친구 삼아 그 과정을 즐김으로써 이루어진 셈이다.

자기 성장은 여행과 닮았다. 여행의 목적은 목적지에 빨리 도달하는 것이 아니다. 여행 중 우연히 마주치는 사람, 익숙지 않은 풍경, 뜻밖의 사건이 우리에게 새로운 자극을 주고, 그 경로에서 우리는 미처 몰랐던 새로운 '나'를 발견한다. 자기 성장도 마찬가지다. 정해진 계획에 자신을 억지로 끼워맞추는 것이 아니라, 삶의 흐름 속에서 다양한 관계와 경험을 통해 자연스럽게 이루어진다.

미셸 푸코는 이런 자기 발견과 자유의 여정을 '자기 돌봄care of the self'이라는 개념으로 깊이 있게 다뤘다. 자기 돌봄은 흔히 말하는 이기적 자기계발이나 단순한 힐링과는 거리가 멀다. 이는 진실을 마주하며 윤리적 주체로서 자신을 형성해가는 실천적 태도다. 외부의 강요나 내면화된 억압에서 벗어나, 자기만의 삶의 방식과 가치를 주체적으로 구성하는 '삶의 기술the art of living'인 것이다.

푸코는 고대 그리스-로마 철학자들이 실천했던 '자기 배려'의 전통을 재조명했다. 그들은 지식 축적보다 먼저 영혼을 단련하고 삶을 성찰하는 철학적 실천, 즉 '영혼의 수련ascesis'을 중시했다. 이 수련은 금욕이나 자기 절제가 아니었다. 외부 세계와 자신 사이에 건강한 거리를 설정해 타인의 시선이나 사회의 기대에 휩쓸리지 않기 위한 자기 훈련의 과정이었다.

푸코는 고대 철학에서 "너 자신을 알라"는 명령보다 "너 자신을 돌보라"는 명령이 먼저였음을 강조한다. 즉, 자신을 알기 전에 먼저 자신을 돌보고 변화시키려는 의지가 필요하다는 것이다. 이는 지식 습득 이전에 존재와 삶의 방식 자체를 숙고하고 가꾸는 태도가 선행되어야 함을 의미한다. 진정한 지식은 자기 돌봄의 실천을 통해 얻어지는 것이지 그저 외부 정보를 축적하는 것이 아니라는 심오한 통찰이다.

오늘날 우리는 자기 돌봄을 흔히 외모 관리, 심리 치유, 자기계발의 수단으로 받아들인다. 하지만 푸코의 개념은 훨씬 윤리적이고 철학적인 깊이를 갖는다. **자기 돌봄은 스스로를 '미학적 존재'로 빚어가는 창조적 과정이다.** 삶을 하나의 예술작품처럼 여기고, 자신을 그 작품의 조각가로 삼는 것이다. 이런 실천은 내면의 자유를 확보할 뿐 아니라, 그 자유를 바탕으로 타인과 관계 맺는 윤리적 주체로 살아가기 위한 토대가 된다.

푸코에게 자기 돌봄은 권력과 진실의 관계 속에서 주체가 어떻게 자신을 구성하고 진실을 말하는 존재가 되는지에 대한 철학적 탐구의 결과다. 자기 돌봄은 푸코가 말한 '파레시아parrhesia', 즉 진실을 말하는 용기와도 긴밀히 연결된다. 자신을 돌보고 성찰하는 자만이 진실을 말할 용기를 갖는다. 그리고 진실을 말할 수 있는 자만이 비로소 진정한 자유를 누린다. '진실 말하기'는 때로는 위험을 동반하지만, 주체의 도덕적 용기를 증명하고 자신을 진실하게 드러내는 행위다.

푸코의 자기 돌봄은 오늘날 우리에게 중요한 질문을 던진다. "나는 누구인가?"라는 존재론적 질문을 넘어 **"나는 어떻게 살 것인가?"라는 실천적이고 윤리적인 고민을 요구한다.**

영화 〈퍼펙트 데이즈〉의 주인공 히라야마는 도쿄의 공중

화장실을 청소하며 살아간다. 겉으로는 단조롭지만 그의 하루하루에는 자기 돌봄의 정수가 담겨 있다. 히라야마는 타인의 시선에 휘둘리지 않고, 반복되는 일 속에서 자신을 가꾸고 삶을 조율한다. 음악을 듣고 나무를 바라보며 햇살을 머금는 그의 자세는 푸코가 말한 자기 돌봄의 철학을 조용히 실천하는 모습이다. 그것은 성과가 아닌 '존재 방식'으로서의 자유이며, 삶을 하나의 예술로 빚어가는 윤리적 주체의 태도다.

자기 돌봄은 단지 휴식이나 즐거움의 추구가 아니다. 자신의 가치와 신념을 명확히 세우고, 그것을 기준으로 삶을 주체적으로 이끌어가는 윤리적 의지를 포함한다. 이런 태도는 곧 '자기 통치self-governance'의 영역으로 확장된다. 즉, 개인의 윤리적 실천이 사회적 저항의 형태가 될 수 있다.

이 지극히 개인적인 실천이 어떻게 사회적 저항이 될 수 있을까? 푸코에 따르면, 사회가 강요하는 '정상성'과 '성공'의 규범을 무비판적으로 따르지 않는 것, 스스로 자신만의 삶의 규칙과 미학을 구성해나가는 것 자체가 가장 근본적이고 강력한 저항이다. 모두가 '더 빨리', '더 많이'를 외칠 때 나만의 속도를 지키는 것, 사회가 정해준 성공이 아닌 나만의 행복을 추구하는 것, 이런 자기 돌봄의 실천은 사회의 획일적 명령에 불복종하는 조용하고도 단단한 저항이 된다.

푸코의 통찰은 현대인의 삶에 깊은 울림을 준다. 규율 권력과 성과사회가 만든 자기 착취의 구조 안에서도 우리가 여전히 자율적 주체로 거듭날 수 있다는 가능성을 보여주기 때문이다. 우리가 겪는 피로와 무기력은 어쩌면 이 자기 돌봄의 부재에서 비롯된 것일 수 있다. 자유는 억압으로부터의 해방만이 아니라, 자기 돌봄이라는 실천을 통해 스스로를 형성해나가는 데서 비롯된다. 푸코는 바로 그 자유의 가능성을 우리 앞에 펼쳐 보였다.

삶은 계획대로 꾸미는 것이 아니라 흐름에 따라 변화하고 익어가는 것이다. 그리고 이 흐름 속의 변화는 기록을 통해 가시화된다. 중요한 것은 나만의 기준과 속도로 삶을 살아가는 것이다. **자기 성장은 곧 삶의 주인이 되는 과정이며**, 우리는 이를 기록 속에 고스란히 담아야 한다.

여기서 '기록'은 목표 달성 여부를 체크하는 도구가 아니다. 그 과정에서 일어난 내면의 변화, 예상치 못한 깨달음, 타인과의 교감에서 비롯된 작은 울림을 담는 그릇이다. 이런 기록이야말로 참된 자기 성장의 증거다.

자기 성장을 위해서는 각자 삶의 맥락 속에서 자신에게 맞는 '삶의 기술'을 발견하고, 그것을 실제 삶에 적용하는 것이 중요하다. 이 과정은 깊은 성찰과 인내를 요구한다. 정

원사가 계절의 흐름에 따라 정원을 가꾸듯, 우리는 자신의 내면을 꾸준히 돌보고 가꾸고자 노력해야 한다. 그때 비로소 우리는 자유를 '획득'하는 것이 아니라, 삶 속에서 매일 조금씩 '되어가는' 존재로 살아갈 수 있다. 기록은 우리가 멈춰 있는 존재가 아니라 어제와 다른 나로 끊임없이 되어가고 있음(생성)을 보여주는 유일한 증거다.

실천적 성찰

내면의 지형도 그리기
하루의 '생성'과 '돌봄'을 기록하는 법

진정한 자유는 성과 목록을 채우는 것이 아닌 내면의 성장과 변화를 알아차리는 데서 시작된다. 이번 실천은 '나'라는 존재를 완성해야 할 프로젝트가 아니라, 끊임없이 변화하고 생성하는 '살아 있는 아카이브'로 바라보는 관점의 전환이다. 이는 들뢰즈가 말한 '생성'의 과정을 추적하고, 푸코가 강조한 '자기 돌봄'을 실천하는 기록학적 방법론이다. 하루 동안 내 안에서 어떤 생각의 지층이 새롭게 쌓이고, 어떤 감정의 물길이 어떻게 방향을 틀었는지, 어떤 관계의 지도가 재편되었는지를 기록하는 것이다. 이 미세한 변화의 궤적이야말로 '나'라는 아카이브의 가장 중요한 기록물이 된다. 하루를 마무리하며, 아래 질문에 대해 떠오르는 생각이나 경험을 기록해보자.

1. 오늘 나에게 새롭게 찾아온 생각, 감각, 깨달음은 무엇인가? (책의 한 구절, 친구와의 대화, 스쳐지나간 풍경 등 나에게 작은 파동을 일으킨 모든 것)

2. 오늘 나를 돌보기 위해 한 작은 실천은 무엇인가? (단순한 휴식을 넘어, 나만의 원칙을 지키거나 내 감정을 솔직하게 들여다본 순간)

3. 오늘 내가 만난 사람, 글, 경험과의 '상호작용'은 어떠했나? (일방적인 영향이 아닌, 서로 주고받은 영향과 그로 인한 나의 내면 변화)

4. 이 모든 과정을 통해 오늘의 나는 어제의 나와 어떻게 달라졌나?
   (거창한 변화가 아닌, 아주 미세한 생각이나 태도의 변화)

5. 이 지형도를 일주일간 메모해보자. 나의 내면에서 반복적으로 나타나는 '산맥(어려움)'이나 '강(자연스러운 흐름)'은 무엇인가?

   - **산맥(어려움)**: 보고서나 기획서의 첫 문장 시작에 대한 막막함. 완벽해야 한다는 압박감 때문에 매번 높은 산처럼 느껴진다. / 가까운 사람에게 서운한 감정 표현하기. 말을 꺼내기 전 수십 번을 망설이게 된다. 넘기 힘든 고갯길 같다.
   - **강(자연스러운 흐름)**: 딱딱한 업무가 아니라 동료들과 새로운 아이디어를 놓고 자유롭게 대화할 때 생각이 강물처럼 흘러넘친다. / 다른 사람의 이야기를 들어주고 공감할 때 대화가 훨씬 편안하고 자연스럽게 이어진다.

6. 이 지형도를 통해 발견한 '새로운 길'은 나를 어떤 방향으로 이끌고 있는가?

   - 지금까지는 기획서 작성 능력(산맥)을 키우는 데만 집중했다면, 앞으로는 동료들과의 아이디어 회의(강)를 공식적인 업무 시간으로 더 많이 만들어, 나의 강점을 활용해봐야겠다.
   - 감정을 표현하는 것(산맥)이 어렵다면, 일단은 매일 밤 감정 일기 쓰기 등 나의 감정을 알아차리고 이해하는 연습부터 시작해봐야겠다.

☐ 혼자 일할 때보다 협력할 때(강) 더 즐겁고 성과가 좋다는 것을 발견했다. 어쩌면 나는 독립적인 연구자보다 사람들을 연결하고 함께 프로젝트를 만드는 '기획자'나 '촉진자' 역할에 더 맞는 사람일 수도 있다는 새로운 가능성을 보았다.

⑧ 거대한 구조 앞에서 무엇을 할 수 있는가

구조의 희생자가 아닌, 전략가가 되기로 했다

우리는 여전히 거대한 사회 구조의 벽 앞에 서 있다. 아무리 애써도 넘기 어려운 불평등과 제약 앞에서 자주 무력감을 느낀다. 이 장에서는 이 거대한 '구조'의 힘을 부정하거나 회피하지 않는다. 대신 구조를 읽고 활용해 나를 지키고, 나만의 이정표를 찾아가는 전략적 자유를 모색한다.

학교 교실부터 기업의 채용 현장, 수많은 자기계발서까지 모두가 끊임없이 말한다. "노력은 배신하지 않는다." "하면 된다." "개인의 역량이 곧 경쟁력이다." 이 문구들은 모든 성취가 오직 개인의 실력과 의지에 달린 것처럼 여기게 만든다. 과연 성공과 실패는 '개인의 노력'에만 좌우되는 것일까?

현실은 그렇게 단순하지 않다. 뛰어난 성적이나 화려한 '스펙'을 갖추고도 기회를 얻지 못하는 사람이 있다. 때로는 출신 지역이나 학교, 성별, 나이 같은 통제 밖 조건들이 결정적인 영향을 미친다. 우리는 실패할 때마다 '내가 부족해서'라고 자책하지만, 그 원인은 종종 나 자신이 아니라 나를 둘러싼 구조에 있다.

누군가는 고액 과외와 풍부한 문화자본을 바탕으로 실력을 쌓는다. 다른 누군가는 학용품조차 갖추지 못해 출발선에도 서지 못한다. 출발 지점의 불평등을 무시한 채 오직 '노력'만을 기준으로 평가하는 것은 경쟁을 공정으로 포장한 구조의 폭력일 수 있다.

물론 개인의 의지와 노력은 분명 중요하다. 그러나 그 결실이 오롯이 개인의 몫이라고 단정할 수는 없다. 우리는 '내가 부족해서'라고 자책하기보다, 더 넓은 시각으로 사회 구조를 바라볼 필요가 있다. 그래야만 경쟁 너머의 삶을 상상할 수 있는 가능성이 열린다.

빅토르 위고 Victor Hugo, 1802~1885의 《레 미제라블》에서 주인공 장발장은 빵 한 조각을 훔친 죄로 19년을 감옥에서 보냈다. 출소 후 그는 뛰어난 사업 수완을 발휘하고 도덕적인 생활을 하며 한 도시의 시장에까지 오른다. 실력과 의지, 공동체를 향한 헌신까지 갖췄지만 그는 전과자라는 낙인 때문에 평생 집요한 추적에서 벗어나지 못하고 불안과 갈등 속에서 살아간다.

그의 고통은 실력이 부족해서가 아니라 사회가 부여한 낙인과 억압적인 구조에서 비롯된 것이었다. 이 이야기는 '노력하면 된다'는 개인주의 서사의 허구를 드러낸다. 아무리 유능하고 선한 사람이라도 구조적 낙인은 가능성을 제한하고 신뢰의 기회를 반복적으로 빼앗는다. 이처럼 경쟁이란 단지 능력의 문제가 아니라, 그 능력을 어디서 어떻게 펼칠지에 대한 조건의 문제이기도 하다.

이런 사례는 문학 속에만 있는 것이 아니다. 현실에서도 우리는 가난, 출신 지역, 인종, 성별, 장애 등 다양한 사회적 편견 때문에 잠재력을 온전히 펼치지 못한다. 어렵게 쌓은 실력을 제대로 인정받지 못한 채 무기력하게 살아가는 사람이 우리 주변에 수없이 많다.

말콤 글래드웰 Malcolm Gladwell, 1963~ 은 《아웃라이어》에서 구조적 요인이 개인의 성공에 미치는 영향을 통찰력 있게 분석한다. 그는 '타고난 재능'보다 '사회가 제공한 조건'이 성공을 결정짓는 더 중요한 변수라고 강조한다. 출생 연도, 문화적 배경, 부모의 직업 같은 미묘한 요소까지 개인의 삶에 큰 영향을 미친다는 그의 이론은, 인간이 노력으로 운명을 개척할 수 있다는 믿음을 흔든다.

글래드웰은 성공을 개인의 노력만으로 설명하는 것은 '절반의 진실'일 뿐이라고 말한다. 그 이면에 개인이 처한 구조적 환경과 사회적 제약이 깊이 뿌리내리고 있다는 것이다. 성공과 실패는 개인의 능력이 아니라 사회적 맥락 속에서 어떤 기회와 자원을 배정받았느냐에 따라 달라진다. 장발장의 삶이 전과자라는 낙인에 가로막혔듯, 현실 속 수많은 사람도 보이지 않는 장벽 앞에서 멈춰 선다.

하지만 이것이 전부는 아니다. 외부 환경 탓만 하며 멈추는 순간, 자유는 우리에게서 한 걸음 더 멀어진다. 환경이 무겁게 느껴질수록 우리는 더욱 자유롭지 못하다고 여긴다. 그러나 역설적이게도, 바로 그 무력감이 또 다른 구조를 만든다. '이래서 안 돼'라는 무력감은 어느새 하나의 기준으로 굳어지고, 우리는 그 안에 스스로를 가둔다. 구조에 억압받는 것이 아니라, 구조를 내면화하며 스스로를 제한하는 것이다.

그래서 이제 질문을 바꿔야 한다. "내가 자유롭지 못한 이유는 무엇인가?"에서 **"그렇다면 지금 여기에서 내가 선택할 수 있는 것은 무엇인가?"**로. 구조와 환경이 나를 규정하는 틀이라면, 그 틀을 정확히 읽고 그 안에서 역동적으로 움직이는 능력이야말로 현실적 자유의 출발점이다.

우리는 구조의 희생자일 뿐인가? 반드시 그렇지는 않다. 구조는 강력한 힘이지만, 동시에 우리가 해석하고 활용할 수 있는 '나침반'이 될 수도 있다. **구조를 이해하고 그 안에서 나의 선택지를 명확히 인식한다면, 우리는 여전히 주체로서 존재할 수 있다.** 스스로 사고하고 결정하며 의미 있는 방향으로 걸어갈 가능성이 열리는 것이다.

넷플릭스 드라마 〈오징어 게임〉의 등장인물들은 극한의 채무와 불평등 속에 벼랑 끝으로 내몰려 있다. 그들이 목숨을 걸고 게임에 참여하는 이유는 단순한 탐욕 때문이 아니라, 현실의 구조가 더는 어떤 출구도 제공하지 않기 때문이다. 이 작품은 잔혹한 생존 게임을 넘어, 경쟁을 절대선으로 여기는 사회에서 '선택의 여지가 없는 삶'을 살아가는 사람들의 초상이다.

〈오징어 게임〉은 구조를 인식하지 못한 개인이 어떻게 그 안에 갇히고 소외되는지를 보여준다. 동시에 그 구조를 벗어나려는 인간적 갈망과 윤리적 선택의 갈등을 생생하게 그린다. 구조의 압력 앞에서 개인의 윤리가 어떻게 무너지고, 자유를 향한 갈망이 어떻게 생존을 위한 투쟁으로 왜곡되는지를 처절하게 확인할 수 있다.

그러나 같은 사회, 같은 구조 속에서도 전혀 다른 방식으로 자기 삶의 주체로 서는 사람들이 있다. 그들은 구조를 뛰어넘은 영웅이 아니라, 구조를 읽고 수용하며 자신만의 언어로 해석해낸 이들이다.

대표적인 사례가 발달장애인 화가 정은혜 작가다. 그는 경기 양평의 한 플리마켓에서 사람들의 얼굴을 그리고, 그들의 이야기에 귀 기울이며 하루를 살아간다. 발달장애인이라는 사회적 낙인과 배제의 구조 속에서도, 그는 타인의 얼굴을 바라보며 자신만의 방식으로 세상과 연결되고 자신을 표현하며 작가로서 자율성을 회복했다.

그의 삶을 다룬 다큐멘터리 〈니 얼굴〉은 "당신은 무엇으로 존재하는가?"라는 물음에 "내가 진심으로 바라본 얼굴"이라는 따뜻한 답을 건넨다. 복잡한 경쟁도, 스펙도, 인정 투쟁도 없다. 다만 자신에게 허락된 자리에서 꾸준히 관찰하고 그리는 삶이 있다. 구조에 저항하는 것이 아니라, 구조 속에서 자신만의 질서를 회복한 자유의 방식이다.

〈오징어 게임〉 속 인물들이 구조의 압력에 쫓기다 자기 결정권을 잃어가는 반면, 정은혜 작가는 사회가 규정한 '약자'의 위치에서조차 자율과 존엄을 지키며 살아간다. 두 극단은 우리에게 중요한 질문을 던진다. "당신은 지금의 구조를 어떻게 읽고 있는가?" "그 안에서 어떤 언어로 자신을 설명할 수 있는가?"

나는 이런 인식의 전환을 '기록'이라는 실천을 통해 확장해왔다. 기록학자로서 나의 경험은, 기록이 단지 과거를 보존하는 것이 아니라, 현재의 주체성을 강화하고 미래를 설계하는 도구임을 끊임없이 일깨워준다. 기록은 수동적 저장이 아니라 능동적으로 세계를 해석하고 자신을 재구성하는 창조적 행위다.

나에게 대중교육이라는 새로운 길이 열린 것도 하나의 기록에서 시작되었다. 세월호 참사 이후, 나는 안산에서 유가족들을 대상으로 컴퓨터 교육을 진행했다. 부당한 세상과 싸우기 위해서는 기록하고 연대할 힘이 필요했지만, 생각보다 많은 분이 컴퓨터 사용에 익숙지 않았다. 나는 매주 회의 시간보다 두 시간 먼저 안산에 도착해 그분들께 타자 치기부터 한글 프로그램 사용법까지 차근차근 알려드렸다. 어느덧 일부 엄마들은 스스로 아이들의 사진과 일기, 졸업장을 모아 세상에 단 하나뿐인 기록집을 만들어냈다. 그 어떤 전문가의 기록보다 훌륭했다. 나는 그 모습을 보며, 기록이 한 사람의 삶을 일으켜세우는 치유의 도구이자, 대중의 역량을 키우는 교육이 될 수 있음을 온몸으로 깨달았다. 대중교육이라는 내 속에 숨겨진 열망을 발견한 순간이었다.

하지만 그 열망 앞에는 거대한 구조의 벽이 있었다. 교수라는 직업을 유지하며 새로운 일을 시작하기는 버거웠다.

엎친 데 덮친 격으로 코로나19가 터져 대면 교육은 불가능해졌다. '교수가 연구는 안 하고 경박하게 나댄다'는 학계의 보수적인 시선도 무시할 수 없었다. 하고 싶은 마음과 달리, 안 되는 이유는 수백 가지가 넘었다. 이것이 바로 구조의 힘이다.

그때 나는 구조를 '안 되는 이유'로만 여기지 않고 '객관적 환경'으로 분석하기 시작했다. 나를 둘러싼 구조를 읽고, 그 안에서 방법을 찾기 위한 나만의 전략 지도를 그렸다. 이때 가장 유용한 기록 기법이 바로 'SWOT 분석'이었다. 종이 위에 십자선을 긋고 나의 강점Strength과 약점Weakness, 외부의 기회Opportunity와 위협Threat 요인을 매일 메모하고 수정하며 채워나갔다.

나의 강점은 기록학에 대한 전문성과 대중의 필요를 읽는 분석력, 강의 기획력이었다. 반면 약점은 대중에게 낯선 '교수의 언어', 절대적인 시간 부족, 자본과 경험 부족, 낮은 인지도였다. 기회 요인은 유튜브 등 온라인 플랫폼 확장 상황이었고, 위협 요인은 코로나19 유행과 학계의 부정적 인식이었다.

이 지도가 명확해지자 전략이 보이기 시작했다. 우선 나의 강점(교수라는 신뢰성)을 활용해 위협 요인(코로나19, 부정적 인식)에 대응하기로 했다. 기회 요인(유튜브 확장)을 통해 비대면으로 대중과 만나며 인지도를 높이는 것이었다. 이는 나의 약점(낮은 인지도, 부족한 자본)을 보완할 기회이기도 했다. 재직하는 동안에는 준비 기간을 길게 잡아 적은 시간을 투여하고도 성과를 낼 수 있도록 했고, 기반이 잡히면 조기 퇴임 제도를 활용해 본격적으로 활동하겠다는 계획을 세웠다.

나는 2020년 유튜브를 시작해 1년 만에 10만 구독자를 확보했고, 이를 기반으로 대중교육 플랫폼 '아이캔대학'을 열었다. 그리고 2023년, 정년을 3년 반 남기고 조기 퇴임했다. 불가능해 보였던 거대한 구조 속에서도, 기록하고 분석하고 전략을 세우자 내 꿈을 향한 문이 한 뼘씩 열렸다.

이처럼 SWOT 분석은 막연한 불안을 넘어, 구조를 언어로 구성하고 객관화하는 기술이다. 기록을 통해 우리는 자신이 처한 상황을 입체적으로 이해하고, 맹목적 희생자가 아니라 상황을 분석하고 대응할 수 있는 능동적 주체로 설 수 있다.

더 이상 자유를 무중력 상태, 곧 아무런 구속도 없는 이상적인 상태로 상상할 수는 없다. 자유란 억압이 완전히 사라진 상태가 아니라, 억압을 감지할 수 있는 예민한 감각과 그것에 반응하고 대처할 수 있는 실천 능력을 포함하는 개념이다. 구조의 억압이 완전히 제거되지 않더라도, 그것에 대해 질문하고 대안을 탐색할 수 있는 태도는 갖출 수 있다.

주체란 바로 이런 능력을 지닌 사람을 뜻한다.

여기서 한 걸음 더 나아간다면 어떨까? 구조에 적응하는 수준을 넘어, 잘못된 구조 자체를 바꿀 수 있다는 희망과 가능성을 상상해보자. 그 변화는 어떻게 시작되는가? 놀랍게도 우리가 지금까지 논의해온 지극히 개인적인 기록과 자기 성찰에서 비롯된다.

첫째, 나 자신을 꾸준히 기록하고 성찰함으로써 우리는 사회가 주입한 '모방된 욕망'과 내면 깊숙이 자리한 '진짜 욕망'을 구별할 수 있게 된다. 이 '자각'이야말로 구조를 의심하고 거스를 수 있는 첫 번째 씨앗이다.

둘째, 이렇게 자각한 개인적 경험과 문제의식을 글이나 말로 표현하고 공유하는 순간, 그것은 더 이상 나만의 문제가 아닌 '우리의 문제'가 된다. 사적인 문제가 공적인 언어로 전환되는 지점, 바로 그곳에서 연대의 가능성이 움튼다.

셋째, 비슷한 문제의식을 가진 사람들이 모여 작은 공동체를 이루고 서로의 목소리에 귀 기울이며 함께 행동할 때, 우리는 마침내 구조에 균열을 낼 수 있는 집단적 힘을 얻게 된다. 이런 '모둠'은 거대한 변화를 이끄는 거창한 운동이 아니더라도, 일상의 틈에서 작지만 지속적인 변화를 만들어 낼 수 있다.

우리가 어디로든 걸어갈 수 있다는 말은 허황된 꿈이 아니다. 나침반으로서의 구조를 제대로 읽고 이해하면 비로소 가능해진다. 그리고 그 읽는 능력은 매일의 기록, 성찰, 실천이라는 아주 사소하지만 강력한 루틴에서 시작된다. 내 손 안의 펜, 그리고 그 펜으로 적어내려간 나의 기록이 타인의 기록과 만나는 순간, 우리는 가장 부드럽고도 강력한 힘으로 세상을 움직일 수 있다.

실천적 성찰

나의 SWOT 분석하기
구조를 읽고 나의 길을 만드는 전략 지도

SWOT 분석은 단순한 경영 전략 도구가 아니다. 이것은 기록학자가 특정 기록물의 가치를 판단하고 보존 전략을 수립하기 위해, 기록물 자체의 내적 조건(상태, 내용적 가치)과 그것을 둘러싼 외부 환경(제도적 지원, 위기 요인)을 체계적으로 분석하는 원리와도 같다. 이 분석표를 작성하는 것은 곧 나의 삶이라는 아카이브를 둘러싼 환경을 객관적으로 파악하고, 수동적인 대상이 아닌 능동적인 전략가로서 나의 다음 행동을 설계하는 일이다.

1. 분석할 '나의 과제' 정하기: 먼저, 지금 내가 맞닥뜨린 구체적인 고민이나 목표를 하나 정하자. 이 과제를 중심으로 분석을 진행한다.

    ☐ 나의 과제: 이직, 자녀와의 관계 개선, 경제적 독립 등.

2. SWOT 4분면 채우기: 정해진 과제를 중심으로, 나의 내적 조건(강점/약점)과 외부 환경(기회/위협)을 솔직하게 기록해보자.

    ☐ 강점 Strength (나의 내적 자원): 나만이 가진 특별한 기술, 경험, 지식은 무엇인가? 나의 어떤 성격이나 태도를 남들이 긍정적으로 평가하는가?
    ☐ 약점 Weakness (나의 내적 한계): 내가 부족하다고 느끼는 부분은 무엇인가? 어떤 상황에서 자신감이 떨어지는가?
    ☐ 기회 Opportunity (긍정적 외부 환경): 나의 과제에 도움이 될 만한 사회적

변화나 트렌드는 무엇인가? 나를 지지하거나 도움을 줄 수 있는 사람, 정책, 정보는 무엇인가?
- ☐ 위협 Threat (부정적 외부 환경): 나의 과제를 방해하는 사회적 편견, 경제적 어려움, 제도는 무엇인가? 나에게 비협조적이거나 경쟁적인 관계, 환경은 무엇인가?

3. 분석을 '전략'으로 전환하기: 이제 위에서 채운 내용을 조합해 지금 내가 할 수 있는 가장 현실적이고 강력한 전략을 만들어보자.
   - ☐ SO 전략 (강점+기회): 나의 강점으로 기회를 최대로 살리는 공격 전략. 나의 어떤 강점을 활용해, 어떤 기회를 잡아 목표를 달성할 것인가?
   - ☐ ST 전략 (강점+위협): 나의 강점으로 위협을 회피하거나 극복하는 차별화 전략. 나의 어떤 강점으로, 어떤 위협 요소를 무력화하거나 기회로 바꿀 것인가?
   - ☐ WO 전략 (약점+기회): 기회를 활용해 나의 약점을 보완하는 방향 전환 전략. 어떤 기회를 발판 삼아 나의 약점을 보완하고 성장할 것인가?
   - ☐ WT 전략 (약점+위협): 최악의 상황을 피하기 위한 방어적·혁신적 전략. 나의 약점과 외부의 위협이 동시에 작용할 때, 어떻게 피해를 최소화하고 새로운 돌파구를 찾을 것인가?

4. 위 네 가지 전략 중, 지금 나의 과제에 가장 필요하고 효과적인 전략은 무엇인가?

5. 그 전략을 실행하기 위한 첫 번째 행동을 구체적으로 기록해보자.
   WO 전략 선택 → 온라인 강의(기회)를 통해 부족한 영상 편집 기술(약점)을 향상시킨다.

⑨

정상이라는 이름의 굴레

윤리, 규범, 사회의 모범 답안을 다시 묻다

앞 장에서는 '구조'를 읽고 그 안에서 나만의 전략으로 자유의 통로를 확보하는 법을 살폈다. 그러나 우리가 마주하는 억압은 그게 다가 아니다. 구조보다 더 은밀하고 깊숙이 침투하는 것, 바로 '정상'이라는 이름의 윤리와 규범이다. 이 장에서는 '상식'과 '모범 답안'이라는 이름 아래 우리의 생각과 감정을 재단하는 보이지 않는 잣대를 해체한다. 그리고 획일적인 이분법을 넘어 나만의 가치 기준을 세우는 이정표를 찾아나선다.

윤리와 규범이 나를 짓누른다는 생각을 해본 적이 있는가? 상식이라 믿어온 어떤 것이 실은 나의 자유를 억압한다는 의심을 품어본 경험이 있는가? 우리를 둘러싼 수많은 규칙과 기대는 공기처럼 자연스럽게 작동하며 일상의 무늬를 짠다.

직장에서 당연시되는 회식, 가정에서 부여되는 특정 역할, 명절마다 반복되는 피로한 의례들. 우리는 대개 이 모든 것을 의심 없이 따르지만, 때로는 이 '당연함'이야말로 개인을 짓누르는 무게로 다가온다. 구조가 바깥의 압력이라면, 정상성은 안에서 우리를 조용히 조율하는 힘이다.

더구나 이들은 '좋은 의도'의 얼굴로 찾아온다. 사랑이라는 이름으로 간섭하고, 상식이라는 이유로 차이를 배제하며, 공동체라는 명분으로 자율성을 침해한다. 그러다 보면 어느새 규범을 지키는 것은 도덕이고 규범을 벗어나는 것은 문제라는 단순한 등식이 굳어진다.

물론 이런 규범들은 혼란 속에서 질서를 만들고 공동체를 유지해온 오랜 지혜의 산물이다. 사회를 유지하는 윤리의 기반이며, 안정과 예측 가능성을 제공하는 도구로 기능한다. 그러나 그 규범이 개인의 생각과 행동을 획일화하고 삶의 선택지를 제한하며, 심지어 왜곡된 편견을 정당화하는 등 보이지 않는 족쇄로 작용할 때, 우리는 그 이면을 직시해야 한다.

특히 한국 사회는 개인이 '○○가 되어야 한다' 또는 '○○

해야 한다'는 윤리적 압박이 유난히 강하다. 생애주기마다 '마땅히' 따라야 한다고 여겨지는 모범 경로가 있다. 대학 졸업과 취업, 결혼과 출산, 주택 마련과 자녀 교육 같은 일련의 인생 로드맵이 제시된다.

이 '생애 모범 답안'은 사람들을 같은 방향으로 향하게 한다. 그리고 그 답안에서 벗어난 이들을 실패자 혹은 비정상적인 사람으로 인식하게 만든다. "그 나이엔 결혼해야지", "자식이 둘은 있어야 해" 같은 말들은 조언처럼 들릴지 모르지만, 실은 개인의 자유를 침식하고 자아를 억압하는 폭력임을 우리는 잘 알고 있다.

김애란 작가의 《두근두근 내 인생》은 사회가 정해놓은 '정답 인생'에서 벗어난 삶의 불안과 고립을 정제된 언어로 그리고 있다. 주인공 아름은 열일곱 살이지만 희귀병으로 몸은 여든 살 노인처럼 늙어버린 소년이다. 그는 태어난 이유를 찾기도 전에 이미 늙어버린 인생 속에서, 정상이라는 사회적 규범에 결코 들어맞지 않는 자신을 바라보며 고뇌한다. 사람들의 시선은 동정과 불편함 사이를 오가고, 그 자신 역시 남들과 다른 삶을 살아야 한다는 슬픔에 시달린다. 그러나 소년은 자기 삶을 있는 그대로 끌어안고 '내 식대로 살아보겠다'며 독립적인 존재로 서기를 결심한다.

이 작품은 '그 나이엔 ○○해야 한다'는 통념과 '정상적인 인생 궤도'라는 허상을 날카롭게 해체한다. 청소년은 반드시 학교를 다니고 정해진 순서를 따라야 한다는 믿음이 얼마나 많은 젊은이를 '낙오자'로 만드는지 보여준다. 김애란의 문학은 정상성이라는 규범이 어떻게 '고정된 시간표' 형태로 청년들의 시간을 갉아먹는지 드러낸다.

사실 규범이 자유를 억압한다는 통찰은 오래전부터 수많은 사상가가 제기해왔다. 규범은 처음에는 사회를 위한 유연한 장치였지만 시간이 흐르면서 점차 경직되었고, 변화하는 시대에 발맞추지 못해 결국 개인을 옭아매는 도구로 변질되었다.

독일 철학자 테오도어 아도르노 Theodor W. Adorno, 1903~1969와 그의 동료 막스 호르크하이머 Max Horkheimer, 1895~1973는 《계몽의 변증법》*에서, '계몽 이성'이 본래 인간을 무지와 억압에서 해방시키려 했으나, 오히려 새로운 지배와 통제의 도구로 변질되었다고 비판한다.

계몽운동은 원래 인간이 스스로 생각하고 판단하는 능력

- 테오도어 아도르노·막스 호르크하이머, 《계몽의 변증법》, 문학과지성사. 근대적 계몽의 본질을 새로운 종류의 야만이라고 규정한 문제작이다. 우리가 따르고 있는 윤리와 규범을 인간 해방이라는 관점에서 바라보게 하는 고전이다. 근현대 철학의 흐름을 이해하고 현대 사회의 부자유를 근원부터 성찰하고 싶다면 충분히 도전해볼 가치가 있다.

을 키워 권위와 전통에서 벗어나 자유를 실현하자는 운동이었다. 하지만 산업자본주의와 결합한 후, 이성은 해방의 수단이 아니라 효율과 생산성 중심의 도구가 되었다. 즉, 무엇이 옳은가를 묻기보다 어떻게 하면 더 빠르고 효과적으로 목표를 달성할지에만 집중하는 이성이 사회를 지배하게 된 것이다.

이런 흐름 속에서 인간은 수단의 논리에 종속되고, 사회 전체가 '정답만 빨리 내놓는 기계'처럼 기능하게 되었다. 이들의 주장은 '과정이야 어찌 됐든 결과만 좋으면 된다'는 우리 사회의 냉혹한 효율주의가 어디서 시작되었는지, 그 뿌리를 보여준다.

모든 것은 '성과'를 위한 수단으로 환원되고, 그 과정에서 인간이 치르는 고통이나 희생은 '효율성'이라는 이름 아래 정당화된다. "남들도 다 그렇게 하니까", "그게 가장 빠르고 효과적인 방법이니까" 같은 말들은 익숙한 사회적 약속처럼 들리지만, 그 안에는 획일화된 상식과 강요된 규범이 숨어 있다. 규범은 그렇게 '당연함'이라는 외피를 두르고 개인의 삶을 조용히 통제한다.

규범은 때로 개인의 감정과 고통마저 냉혹하게 재단하는 도구로 변질된다. 편견으로 굳어져 개인의 자유로운 표현과 기호를 억압하는 잔인한 얼굴을 드러내기도 한다.

나는 세월호 참사 이후 '기억 저장소'를 만드는 일을 맡아 자주 안산을 찾았다. 그곳의 공기와 풍경에는 온통 슬픔이 짙게 배어 있었고, 그 기록을 모으는 일은 내게도 깊은 고통과 책임감으로 다가왔다.

하루는 유가족 어머니 몇 분이 모여 뜨개질을 하면서 조용히 이야기를 나누고 있었다. 그때 다른 한 분이 다가와 못마땅한 얼굴로 말했다. "아직 우리 애들이 저 차가운 바닷속에 있는데, 어떻게 여기서 웃고 떠들 수가 있어요? 정신 차려요!" 그 순간 대화는 멈췄고 공기는 얼어붙었다. 그 말 속에 담긴 '피해자는 마땅히 슬퍼만 해야 한다'는 사회적 규범이, 같은 상처를 지닌 이들 사이에서 또 다른 폭력으로 작동하고 있었다.

슬픔은 통곡으로만 표현되어야 한다는, 웃음은 배신이라는 보이지 않는 잣대였다. 하지만 뜨개질을 하던 어머니들에게 그 시간은, 잠시 고통을 잊고 서로와 온기를 나누며 살아남기 위한 필사적인 몸부림이었다. 슬픔의 표현 방식은 저마다 다를 수밖에 없는데도, '올바른 슬픔'이라는 획일적인 규범이 그들의 인간적인 생존 방식마저 단죄하고 있었던 것이다. 나는 그 시선을 마주하며, 우리가 얼마나 맹목적인 기준으로 타인을 재단하고 때로는 그 기준으로 또 다른 고통을 가하는지 섬뜩하게 깨달았다.

이처럼 사회는 감정의 표현에도 '적절함'이라는 이름의 규범을 들이댄다. 영화 〈빌리 엘리어트〉는 그런 규범의 또 다른 얼굴을 보여준다. 영국 탄광촌의 한 소년이 발레를 배우고 싶어 한다는 이유만으로 맞닥뜨려야 했던 수많은 곱지 않은 시선과 억압, '남자는 ○○해야 한다'는 말은 그에게 주어진 정체성과 감정을 허용하지 않는 명령이자 침묵의 규율이었다. 주인공 빌리가 맞선 것은 단순한 편견이 아니라, 공동체가 강요하는 남성성과 계급적 도덕, '정상적인 삶'에 대한 집단의 기대였다.

그러나 그는 그 억압을 감정과 몸짓으로 뚫고 나간다. 조용히 그러나 단호하게 자기 자신을 표현하며 마침내 규범 자체를 흔든다. 〈빌리 엘리어트〉는 우리에게 말한다. 사회가 규정한 슬픔의 방식, 남성성의 정의, 감정의 크기까지도 고정된 정답이 될 수 없다고. 진실한 감정은 규범을 거부하며, 자기만의 몸짓으로 살아내는 용기에서 비롯된다고.

규범이 어떻게 편견으로 굳어지고 개인의 고통과 자유로운 표현을 억압하는지 보여주는 사례는 너무나 많다. 나는 이 문제가 '옳다/그르다', '정상/비정상'이라는 이분법적 잣대에 갇혀 쉽게 타인을 단죄하는 우리 사회의 사고방식에서 기인한다고 본다.

프랑스 철학자 브뤼노 라투르Bruno Latour, 1947~2022는 우리의 세계관을 지배하는 이분법적 사고에 끊임없이 문제를 제기했다. 그는《존재양식의 탐구》*에서 자연과 사회, 주체와 객체, 사실과 가치처럼 세상을 나누고 분류하는 방식이 현실의 복잡성을 포착하지 못한다고 말한다. 오히려 그런 이분법적 사고가 세상을 이해하고 행동하는 방식을 왜곡한다는 것이다.

예를 들어, 인간은 주체이고 자연은 객체라는 이분법 아래에서는 자연의 목소리가 윤리적 고려 대상이 될 수 없다. 하지만 기후위기와 인공지능 같은 문제들은 이런 경계를 허물며, '인간'만의 세계관으로는 해결할 수 없는 복잡한 얽힘을 보여준다. 라투르는 이처럼 얽히고설킨 존재들의 관계망을 통해, 세상이 인간 중심적 이성이나 윤리만으로는 설명될 수 없음을 강조한다.

그의 철학은 '정상'이라는 이름 아래 무비판적으로 작동하는 수많은 규범에 근본적인 질문을 던지게 한다. 누구의 기준으로 정상인가? 왜 우리는 그 기준을 따르며, 그 안에

- 브뤼노 라투르,《존재양식의 탐구》, 사월의책. '왜 세상은 극심한 갈등에서 벗어나지 못할까?' 하는 질문에 대해 라투르는 세상을 인간과 자연, 주체와 객체로 딱 잘라 나누는 낡은 이분법적 사고 때문이라고 답한다. 모든 것은 서로 연결되어 있다는 새로운 시각으로 세상을 바라보려 할 때 이 책은 최고의 지침이 되어준다.

자신을 억지로 끼워맞추는가? 라투르는 우리에게 규범에 찬성할지 반대할지 묻는 대신, 그 규범이 전제하는 이분법적 구도를 의심하라고 요청한다.

'정상'과 '비정상'의 경계는 고정된 진리가 아니라, 사회적 맥락과 힘의 관계 속에서 끊임없이 구성되고 조정되는 임시적 경계에 불과하다. 따라서 진정한 자유란 이분법적 경계에 갇히지 않고, 그 경계를 유동적으로 넘나드는 사고와 실천의 힘에서 비롯된다.

우리는 더 이상 '정상'이라는 신화를 무비판적으로 따를 수 없다. **"정상은 과연 누구를 위한 것인가?"**로 질문을 바꾸자. 묻고, 비틀고, 다시 쓰는 일이 필요하다. 무엇이 나에게 해가 되는 규범인지, 내가 따르는 윤리가 과연 누구를 위한 것인지, 그 질문이야말로 진짜 해방을 가능하게 한다. 그리고 이것은 기록이라는 실천을 통해 구체적인 저항으로 이어진다.

이는 우리가 기존의 규칙과 정상성의 압박을 어떻게 감지하고 기록하며, 또 자기만의 미래를 설계할 수 있는지를 묻는 질문과 깊이 맞닿아 있다. 자유는 더 이상 주어진 규범 안에서 허용된 선택만을 의미하지 않는다. 그것은 나와 공동체를 위한 새로운 윤리를 능동적으로 만들어가는 실천적 행위로 확장되어야 한다. 그리고 그 윤리는, 우리가 하루하루의 기록 속에서 되묻고 다시 쓰는 '내 삶의 문법'에서 비롯된다.

기록은 억압적인 언어를 그대로 받아 적는 행위가 아니다. 오히려 내가 속한 세계의 틈을 발견하고, 그 틈에서 다시 숨 쉬려는 시도다. 말하지 않으면 보이지 않는 감정들, 겉으로는 아무 일 아닌 듯 지나가지만 내 안에 남는 울림들, 그 모든 것을 기록은 포착한다. 나는 어디에서 무거움을 느꼈고, 무엇 앞에서 침묵했으며, 어떤 순간에 나 자신을 잃었는가? 그런 질문을 통해 우리는 '나답게 살아간다'는 것이 어떤 의미인지 비로소 직면한다.

결국 기록이란, 타인이 정해준 삶의 각본에서 벗어나 나만의 이야기 구조를 다시 짜는 일이다. 쓰는 순간, 우리는 자신을 대상이 아니라 '해석하는 주체'로 재위치시킨다. 그것이 곧 자유의 시작이다.

실천적 성찰

나의 '당연함'에 질문 던지기
정상성의 잣대 해체하는 법

내 안에 단단하게 자리 잡은 '상식' 또는 '편견' 하나를 꺼내, 그것이 정말 당연한 것인지 질문을 던져보는 연습이다. 기록학자는 기록을 마주할 때, 그것이 '누구에 의해, 어떤 목적을 위해, 어떤 시대적 맥락에서' 만들어졌는지 끊임없이 질문한다. 모든 기록은 객관적 사실처럼 보이지만, 실은 특정한 가치와 규범이 투영된 결과물이기 때문이다. 이번 실천은 내 안에 가장 깊이 스며든, 그래서 의심조차 해본 적 없는 '나'라는 기록물의 편향성을 스스로 검토하는 작업이다. 내 안의 '당연함'을 의심하는 것은, 나를 지배해온 낡은 기록의 권위에서 벗어나 나만의 새로운 기록을 쓸 자유를 획득하는 첫걸음이다.

- 결혼과 가족
- 성공과 직장
- 나이와 세대
- 남성과 여성의 역할
- 슬픔과 기쁨의 표현 방식

1. **나의 '당연한' 생각(규범) 하나 꺼내기**: 위 영역 중 하나를 선택해, 내가 무비판적으로 수용하고 있던 '마땅히 ○○해야 한다' 또는 '원래 ○○하는 법이다'라는 생각 하나를 구체적으로 적어보자.
   - ☐ **내가 당연하게 믿고 있는 생각(규범)은 무엇인가?** 남자는 힘들어도 내색하지 않고 묵묵히 책임을 져야 한다, 여자는 온화하고 부드럽게 공감 능력을 발휘해야 한다 등.

2. '정상성'의 뿌리 추적하기: 앞에서 꺼내놓은 '당연한' 생각에 대해 아래 질문들을 던지며 그 뿌리를 추적해보자.

- ☐ 이 생각은 언제, 어디서, 누구에게 처음 배웠나? 부모님, 학교, 미디어 등.
- ☐ 이 규범을 '정상'이라고 했을 때 '비정상'으로 분류되는 사람들은 누구이며, 그들은 어떤 감정을 느낄까?
- ☐ 이 규범은 모두에게 이로운가, 아니면 특정 집단(성별, 세대, 계층 등)에게만 유리하게 작용하는가?
- ☐ 이 규범이 과거에는 필요했을지 모른다. 하지만 지금 시대에도 여전히 유효한가?

3. 나만의 '새로운 문법' 만들기: 낡은 이분법적 잣대에서 벗어나, 더 자유롭고 다채로운 나만의 생각을 새롭게 기록해보자.

- ☐ 기존의 낡은 생각(규범): 강한 남자는 감정을 드러내지 않는다.
- ☐ 새롭게 만들 나의 생각(나의 문법): 감정을 솔직하게 표현하고 도움을 요청할 줄 아는 게 더 건강하고 용기 있는 태도다.

4. 나의 '당연함' 패턴 찾기: 이번에 분석한 나의 '당연함(규범)'은 나의 다른 생각이나 행동과 어떻게 연결되어 있나? 이와 비슷한 다른 '당연함'은 또 없나? 나의 삶을 지배하는 가장 강력한 '정상성'의 규범은 무엇인지 생각해보자.

이 생각은 '가장으로서의 책임감'이나 '리더는 외로워야 한다'는 다른 믿음과 연결되어 있었다. 힘들 때 친구에게조차 속마음을 털어놓지 못하고 혼자 술을 마시는 행동 패턴으로 나타났다.

5. 규범이 만든 나의 행동 돌아보기: 그 '당연함'을 지키기 위해, 나는 일상에서 구체적으로 어떤 말과 행동을 반복하고 있었나? 그로 인해 내가 포기해야 했거나 상처받은 나의 진짜 욕망과 감정은 무엇이었나?

이 규범 때문에, 정말 힘들었던 프로젝트 실패 당시에도 동료들 앞에서 '괜찮다'고 말하며 억지로 웃었다. 속으로는 무너져내리고 있었지만, 약하게 보일까 봐 두려워 누구에게도 기댈 수 없었다. 사실은 동료들에게 의지하고 싶었다.

6. '1퍼센트 저항' 계획하기: 오늘부터 일주일 동안, 2단계에서 발견한 낡은 규범에 균열을 내고, 3단계에서 만든 나만의 '새로운 문법'을 실천할 수 있는 아주 작은 행동 하나를 계획하고 기록해보자. 거창한 변화가 아닌, 1퍼센트의 저항이면 충분하다.

이번 주 가장 친한 친구에게 전화해 '사실 지난주에 ○○ 일 때문에 많이 힘들었어'라고 짧게라도 내 감정을 이야기해보겠다.

⑩ 인간은 왜 관계 속에서 고뇌하는가

쿨 트러스트와 건강한 거리 두기

　이제 타인과의 관계 맺기에 대한 구체적인 질문으로 나아갈 차례다. 모든 관계의 피로는 결국 거리 조절 실패에서 비롯된다. 이 장에서는 의존과 집착을 넘어 서로의 독립성을 존중하며 건강하게 연결되는 새로운 관계 맺기 방식, '쿨 트러스트'를 제안한다.

　인간은 홀로 살아갈 수 없는 존재다. 이 명제는 너무나 당연하게 들리지만, 우리는 종종 그 깊은 의미를 잊고 산다. 우리는 태어나는 순간부터 관계 속에 던져진다. 부모의 눈빛에서 존재를 환영받고, 친구의 말 한마디에 웃음을 터뜨리며, 때로는 누군가의 무심한 태도에 밤잠을 설친다. 가장 친밀했던 관계가 어느 순간 숨 막히는 의무로 변질되기도 하고, 한없이 순수해 보였던 사랑이 날카로운 칼날이 되어 우리를 찌르기도 한다.

우리는 관계 속에서 자신을 발견하고, 관계 때문에 무너진다. 왜 우리는 이토록 관계에 흔들릴까? 어쩌면 관계란 본디 상처의 위험을 내포한, 그래서 그토록 아름다운 선물인지도 모른다.

인류는 협동 없이는 결코 생존할 수 없었다. 아득한 옛날부터 우리는 함께 불을 피우고, 함께 사냥하며, 함께 위험을 극복했다. 서로의 존재에 기대 울고 웃으며 비로소 살아남을 수 있었다. 이런 생존의 기억은 우리의 유전자와 뇌에 깊이 각인되어 있다. 우리는 지금도 타인의 표정 변화에 민감하게 반응하고, 인정과 칭찬을 받을 때 뇌에서 강력한 도파민이 분비되어 기쁨을 느낀다. 사랑하는 사람의 손길은 옥시토신을 분비시켜 깊은 유대감을 형성한다. 이렇듯 관계는 우리 본능에 내장된 보상 체계다.

그러나 이 보상이 반복적으로 요구되거나 원치 않는 방식으로 강요되면 이야기는 달라진다. 타인의 기대에 맞춰 억지로 웃고, 싫어도 고개를 끄덕이며 감정을 억누르는 일이 반복될수록, 관계는 더 이상 보상이 아닌 피로의 덫이 되어 우리를 옴짝달싹 못하게 만든다.

지금 우리는 '연결의 시대'를 살고 있다. 스마트폰 하나면 수백 명과 손쉽게 연결되고, 수많은 팔로워와 댓글이 우리의 일상을 채운다. 그러나 역설적으로, 이처럼 무수히 연결된 세상에서 정작 깊은 대화를 나눌 사람은 점점 줄어든다.

대학생 A는 언제나 '사람 좋은 사람'으로 살아왔다. 어떤 모임이든 불참하면 안 될 것 같았고, 단체 채팅방에서 조용하면 괜히 미안했다. 거절은 어색했고, 누군가 불편해할까 봐 대신 웃었다. 그러다 문득 자신이 지쳐 있다는 사실을 알아차렸다. 누군가 연락을 주지 않으면 혼자 마음이 복잡해지고, 작은 말 한마디에 오래 흔들렸다. 스스로 관계를 좋아한다고 믿었지만, 정작 그 안에서 자신을 돌보지 못한 채 무언가에 붙잡혀 있는 기분이었다.

상담을 통해 그녀는 자신이 '관계를 잃는 것'에 과도한 두려움을 가지고 있음을 처음 알게 되었다. 사람 사이에 일정한 거리를 두는 것이 거절당하는 느낌, 혹은 존재가 사라지는 듯한 불안으로 다가왔던 것이다. 그 불안을 피하려 애쓸수록 관계는 더 조심스럽고 무거워졌다. 그리고 자신을 지치게 만들었다. 그녀는 이제 새로운 관계 방식을 연습하는 중이다. 여전히 사람을 좋아하지만, 이제는 '나에게도 좋은 관계'가 무엇인지 먼저 생각하게 되었다.

그렇다면 우리는 어떤 관계를 추구해야 할까? 이 질문에 대한 하나의 해답으로 '쿨 트러스트cool trust'에 주목할 수 있다. 심리학에서는 쿨 트러스트의 기반으로 '심리적 안전psychological safety'을 든다. 인본주의 심리학자 칼 로저스Carl R. Rogers, 1902~1987가 강조한 개념으로, 비난이나 평가 걱정 없이 자신의 의견을 표현할 수 있는 상태를 말한다. 쿨 트러스트는 신뢰를 전제로 자율성과 존중을 해치지 않는 수평적 관계를 지향한다. 즉, 지나친 개입 없이 적당한 거리감을 유지하며, 서로의 삶을 인정하고 성숙하게 연결되는 방식이다.

쿨 트러스트는 의존하지 않는다. 상대를 통제하거나 소유하려 들지 않고, 그의 시간과 감정을 지배하려 하지 않는다. 그것은 **"나는 나의 삶을 살고, 당신도 당신의 삶을 살아야 한다"**는 분명한 전제 위에 있다. 이처럼 서로의 독립성과 고유성을 인정할 때, 비로소 진실한 신뢰가 자라난다.

쿨 트러스트는 네 가지 핵심 요소 위에서 작동한다. 첫째, '끌림'이다. 단순한 외모나 조건을 넘어 상대의 말투, 사고방식, 태도 등 그 존재 자체에서 느껴지는 긍정적인 에너지다. 낯선 자리에서 만난 누군가에게 자연스럽게 호기심이 생기고, 그 사람의 이야기에 귀 기울이고 싶어지는 감정이 바로 끌림의 시작이다.

둘째, '편안함'이다. 말없이 함께 있어도 어색하지 않고,

가면을 쓰지 않은 채 있는 그대로의 나를 드러내도 안전하다고 느끼는 상태다. 오랜 친구와 카페에 앉아 각자의 책을 읽는 시간처럼, 말보다 존재 자체가 편안함을 주는 관계다.

셋째, '주고 싶은 마음'이다. 계산 없이 무언가를 기꺼이 내어주고 싶은 충동이다. 이는 물질뿐 아니라 시간, 에너지, 감정적 지지를 포함한다. 상대방을 통해 내 마음이 열리고 자연스럽게 나눔이 일어나는 관계다. 바쁜 와중에도 힘들어하는 동료의 이야기를 들어주거나, 상대의 기쁨을 진심으로 축하해주고 싶은 마음이다.

넷째, '상호 성장'이다. 함께 있으면서 각자 더 나은 사람이 되는 관계다. 서로의 발전을 방해하지 않고, 오히려 가능성을 끌어내는 자극이 된다. 서로 다른 분야의 사람들이 만나 지식을 나누고 아이디어를 얻거나, 상대의 도전을 지켜보며 나 역시 새로운 시도에 나설 용기를 얻는다.

이 네 가지 요소를 기준으로 나의 오랜 관계들을 돌아본 적이 있다. 중학교 시절 절친했던 한 친구는 그야말로 끌림과 편안함의 상징이었다. 하굣길에 떡볶이를 나눠먹고 탁구를 치며 스스럼없이 어울렸다. 하지만 졸업 후 각자 다른 삶의 경로를 거치면서 연락이 끊겼다. 내가 교수가 된 후, 그 친구가 수소문 끝에 나를 찾아왔다. 어른이 되어 다시 만난 우리는 어색하게 안부를 물으며 밥을 먹고 술을 마셨다. 하지만 과거의 추억을 되새기는 것 외에 현재의 삶을 깊이 나누기에는 서로 너무 멀리 와 있었다. 60이 넘어 다시 연락이 닿았을 때도 마찬가지였다.

　이 경험으로 나는 중요한 사실을 깨달았다. 학교나 동네처럼 주어진 환경에서 시작된 관계는, 아주 예외적인 경우를 제외하면 세월의 흐름 속에서 '주고 싶은 마음'과 '상호 성장'의 동력을 잃기 쉽다는 것이다. 이런 관계를 의무감이나 미련 때문에 관성적으로 이어가는 것은 현재 내 삶의 자유를 존중하지 않는 일이다.

　돌이켜보면 우리는 관계에 있어서 의외로 소극적으로 살아간다. 동네, 학교, 직장 등 주어진 환경이 곧 관계의 조건이 되면, 우리는 그 관계를 운명처럼 받아들인다. 좋은 사람과의 만남은 행운으로 여기고, 때로는 원치 않는 인연과 마주하며 소모된다. 이런 '우연성'에 맡겨진 관계는 종종 우리의 삶을 지치게 만든다.

　한국 사회의 '핫 트러스트' 문화는 때로 문제적이다. 짧은 시간 안에 급속도로 가까워지고 개인적인 영역까지 허물어뜨리는 이 방식은, '우리'라는 집단의식이 강한 사회 분위기 속에서 자연스러운 것으로 여겨지곤 한다. 그러나 실제로는 개인의 경계를 침해하고 사적 영역을 무례하게 넘나드는 행위가 친밀함으로 오해되기도 한다.

"요즘 어때?", "결혼은 언제 하니?", "연봉은 얼마야?" 같은 질문이 거리낌 없이 오가는 관계 속에서, 우리는 종종 숨 돌릴 틈 없이 '우리'라는 울타리에 끌려들어간다. 특히 직위나 연령, 소속에 따라 관계의 위계가 자연스레 형성되는 경향은 문제를 더 복잡하게 만든다. 직장 상사가 개인사를 묻거나 나이 어린 후배를 존중 없이 대하는 태도, 동창회나 동호회에서 나타나는 암묵적 서열 문화는 관계의 자율성을 제한하고, 결국 관계 피로감을 가중시킨다.

나는 어느 순간부터 우연에 기댄 관계와 집단의식의 속박에서 벗어나기 위해 인간관계를 스스로 재구성해보기로 했다. 관계에 주체성을 더하기 위한 작은 실천으로 '인간관계 클러스터'를 그리기 시작했다. 종이 한 장에 동그라미를 그리고 그 안에 동네, 학교, 직장, 각종 모임의 이름을 적었다. 그리고 동그라미 주변에 지금 관계를 맺고 있는 사람들의 이름을 써넣었다.

여기서 그치지 않고, 예전에 만났지만 깊이 다가가지 못했거나 놓쳐버린 인연의 이름도 함께 기록했다. 앞으로 관계를 지속하거나 적극적으로 만나고 싶은 사람의 이름 아래에는 밑줄을 그었다. 반대로 더 이상 에너지를 들이지 않아도 될 관계 역시 체크했다. 그렇게 '관계 리스트'를 스스로 정리하고 설계하면서, 나는 비로소 관계로부터의 자유를 획득해가고 있다.

한편, 의식적으로 새로운 관계를 형성하려는 노력이 놀라운 가능성을 보여주기도 한다. 내가 시작한 아이캔대학은 비슷한 지향점, 즉 자기 성장에 대한 열망을 가진 사람들이 모인 의식적인 커뮤니티다. 신기하게도 그 안에서는 나이나 직업과 상관없이, 만나고 싶고 편안하며 함께 성장한다는 느낌을 주는 새로운 관계들이 자연스럽게 만들어진다. 이는 관계가 우연에만 기대는 것이 아니라, 주체적인 설계의 대상이 될 수 있음을 보여주는 좋은 사례다.

쿨 트러스트의 네 가지 요소가 조화롭게 갖춰질 때, 관계는 소유나 종속이 아닌 자율적인 연결로 발전할 수 있다. 쿨 트러스트는 신뢰가 감정의 강도가 아니라 관계의 설계 방식에서 출발한다는 것을 일깨운다. 우리는 **관계에도 '설계'가 필요하다**는 사실을 인식해야 한다.

흔히 관계를 물 흐르듯 자연스럽게 흘러가야 하는 감정의 영역으로만 생각한다. 하지만 진정으로 건강하고 자유로운 관계는 의식적인 '감정 설계', 즉 주체적인 거리 설정과 기준 세우기를 통해 가능해진다. 가까움은 선택이어야지 의무가 되어서는 안 된다. 쿨 트러스트는 이런 자율성과 존중을 바탕으로, 각자의 삶을 더욱 풍요롭게 만드는 관계의 새로운 패러다임을 제시한다.

진정한 자유는 관계의 단절이 아니다. 선택할 수 있는 힘이다. 어떤 관계를 맺을지, 어디까지 들어갈지, 언제 멈출지를 스스로 결정할 수 있을 때 우리는 비로소 관계로부터 자유로워진다.

서른아홉 살의 직장인 B는 명절과 모임이 가까워질수록 심장이 조여드는 기분이었다. 형식적인 안부 전화, 의무감으로 가는 친척 모임, 공감 없는 동창회 자리에 빠지면 안 될 것 같은 강박. 그는 그동안 '사람 좋다'는 평판을 깨지 않기 위해 '괜찮은 관계'를 유지하려 애써왔다. 하지만 대화는 늘 근황을 훑을 뿐, 서로의 삶에 깊이 스며들지 못했다. 심지어 어떤 관계는 은근한 비교와 견제로 에너지를 뺏기기 일쑤였다.

그러던 어느 날, 그는 작은 노트를 꺼내 자신의 관계를 쓰기 시작했다. 대화가 끝나면 마음이 편해지는 사람, 아니면 더 피곤해지는 사람 등을 적다 보니, 몇몇 이름 옆에는 '괜찮은 척하는 나', '할 말이 없는 관계'라는 문장이 따라붙었다. 그 순간 그는 깨달았다. 자신의 피로는 관계 자체가 아니라, 자신을 속이며 유지해온 관계의 습관에서 비롯되었음을.

이후 그는 '의례적 관계' 대신 '의미 있는 연결'을 선택하기로 했다. 무리하게 자리를 지키지 않고 가끔은 조용히 빠져나오는 용기를 냈다. 대신 오랫동안 연락하지 못했지만 마음 한구석에 남아 있던 친구에게 조심스럽게 안부를 물었다. 뜻밖에도 친구는 "네가 그럴 줄 몰랐는데, 반가웠다"고 답했고, 그들의 대화는 이전보다 훨씬 깊고 솔직해졌다.

그는 이제 안다. '많은 사람과 잘 지내는 것'이 관계의 목표가 아니라, '진짜 나를 살게 해주는 소수의 사람과 연결되는 것'이 훨씬 더 자유롭고 충만한 삶이라는 것을.

살다 보면 수많은 사람을 만난다. 그러나 그렇게 만난 모든 사람과 깊은 관계를 맺을 필요는 없다. 오히려 나에게 해롭거나 에너지를 소모시키는 관계는 과감히 정리하거나 적절한 거리를 유지할 용기가 필요하다. 이는 결코 이기적인 행위가 아니다. 오히려 내 삶을 건강하게 지켜내기 위한 정직한 태도다.

좋은 관계란 무작정 많은 사람을 만나는 것이 아니라 고독을 가꿀 줄 아는 사람에게 찾아오는 선물과 같다. 고독은 피해야 할 대상이 아니다. 오히려 **잘 정돈된 고독은 건강한 관계의 전제다.** 자기 자신과의 관계가 건강할 때, 비로소 타인과의 관계도 균형을 갖춘다. 혼자 있을 줄 아는 사람만이 진정으로 함께할 줄도 안다. 스스로를 돌아보고 내면을 충만하게 하는 사람만이, 타인에게 의존하지 않고도 진실한 유대를 만들 수 있다.

공허함을 메우기 위해 맺는 관계는 오래가지 못한다. 쿨 트러스트는 불완전한 존재들이 서로의 부족함을 채우려 애쓰기보다, 각자의 온전함을 인정하면서 신뢰를 이루는 구조다. 우리는 서로를 소유하거나 보완하려 들지 않는다. 각자의 고독을 존중하고, 그 고독을 품은 채로 마주 앉아 대화하고 함께 웃는다. 이런 관계 속에서 비로소 우리는 깊은 안정감과 유대감을 느낀다.

이것이 바로 '함께하는 고독 shared solitude'의 참다운 의미다. 서로의 존재를 긍정하고, 각자의 삶을 지지하며, 필요할 때 기꺼이 함께하는 성숙한 관계. 이것이 우리에게 필요한 관계의 새로운 형식이다.

우리는 삶을 스스로 설계하듯, 타인과의 관계 또한 충분히 설계할 수 있다. 누구를 내 삶의 공간에 초대할지, 누구와 경계를 유지할지, 어디서 멈출지를 스스로 결정할 수 있다. 그것은 관계를 거부하는 것이 아니라, 관계를 더 건강하고 아름답게 재구성하는 작업이다. 관계로부터의 자유는 단절이 아니라 선택할 수 있는 힘에서 비롯된다. 그리고 그 자유의 첫 단추는 거리 distance에서 피어나는 신뢰, 쿨 트러스트에서 시작된다.

　기록은 관계를 해석하는 감정의 지도다. 어떤 이와의 대화에서 내가 진짜 웃었는지, 어떤 순간 말하지 못하고 삼켰는지, 그 자취를 남기는 것은 곧 나의 기준과 경계를 세우는 일이다. 그렇게 감정의 잔여물을 기록하고 바라보는 시간은 나를 돌보는 동시에 더 건강한 관계를 설계하기 위해 필요하다. 관계의 자유는 바로 일상 속 작고 조용한 기록 실천에서부터 시작된다.

실천적 성찰

나의 관계 지도 그리기
건강한 거리감과 주체적 관계 설계를 위해

나의 모든 인간관계를 한눈에 조망하고, '쿨 트러스트'의 관점에서 어떤 관계에 나의 소중한 에너지와 시간을 집중할 것인지 주체적으로 설계해보는 시간이다. 기록학자로서 나는 이 작업을 '관계의 아카이브 구축'이라 부른다.

이 기록을 부정확한 기억에만 의존해서는 안 된다. 관계 지도를 그리는 것은 흩어진 관계를 기록해 목록으로 만드는 관계 아카이빙의 시작이다. 이렇게 기록된 관계들은 기록학의 핵심인 '평가와 선별' 과정을 거친다. 모든 관계에 같은 에너지를 쏟을 수 없기에, 어떤 관계가 보존 가치가 높은지, 어떤 관계는 거리를 두어야 하는지 주체적으로 판단하는 것이다. 이 '평가와 선별에 기반한 재분류'야말로, 우리를 관계에 끌려다니는 수동적 존재에서 자기 삶의 주체적인 아키비스트로 거듭나게 하는 핵심 과정이다.

1. **나의 관계 클러스터 초안 그리기:** 큰 종이 위에 나의 삶을 구성하는 관계의 묶음(클러스터)들을 원으로 그려본다(가족, 동네 친구, 초·중·고 동창, 대학 동기와 선후배, 전·현 직장 동료, 각종 모임 등). 각 원 바깥에는 해당하는 사람들의 이름을 떠오르는 대로 모두 적는다. 예전에 만났지만 놓쳐버린 인연의 이름도 좋다.

2. '쿨 트러스트' 4요소로 관계 분석하기: 초안에 적은 사람들과의 현재 관계를 아래의 '쿨 트러스트' 4요소를 키워드로 진단한다. 각 이름 옆에 그 사람과의 관계에서 강하게 느껴지는 요소를 모두 적어보자.

   - ☐ 끌림: 이유 없이 좋고, 호기심이 생기며, 함께하고 싶은 마음.
   - ☐ 편안함: 가면을 벗고 있는 그대로의 나를 보여줘도 괜찮은 느낌.
   - ☐ 주고 싶은 마음: 계산 없이 시간과 마음을 나누고 싶은 상호적인 관계.
   - ☐ 상호 성장: 함께 있을 때 서로에게 배우고 더 나은 사람이 되는 느낌.

3. 관계 재설계 및 우선순위 정하기: 분석한 지도를 바탕으로, 앞으로 나의 에너지를 어디에 집중할지 아래 네 가지 유형으로 관계를 재분류하고, 사람들의 이름을 옮겨적어보자.

   - ☐ 핵심 관계 core relationships: '쿨 트러스트' 4요소가 고루 느껴지며, 앞으로 더 깊이 소통하고 싶은 소수의 사람.
   - ☐ 성장 관계 growth relationships: 함께하면 배우고 성장할 수 있는 긍정적인 자극을 주는 사람.
   - ☐ 안정 관계 stable relationships: 자주 만나지 않더라도 존재만으로 편안함과 유대감을 주는 사람.
   - ☐ 거리 두기 관계 distancing relationships: 만나면 이유 없이 에너지가 소모되거나, 나를 존중하지 않는다고 느껴지는 사람.

4. 관계 지도를 완성했다면, 이제 나의 관계를 돌아보고 작은 실천을 계획할 시간이다. 관계 지도는 그 자체로 끝나는 것이 아니라, 삶의 변화를 이끄는 기록이 되어야 한다. 나의 에너지가 주로 어떤 유형의 관계에 쓰이고 있었는가?

관계 지도를 그려보니, 나의 시간과 감정 에너지가 의외로 '안정 관계'나 심지어 '거리 두기 관계'에 있는 사람들을 의무적으로 만나는 데 꽤 많이 쓰이고 있었다는 사실을 발견했다. 정작 나의 성장을 이끌어주는 '성장 관계' 사람들과는 바쁘다는 핑계로 거의 교유하지 못하고 있었다.

5. '핵심 관계'와 '성장 관계'에 있는 사람 중 한 명에게, 이번 주 안에 먼저 안부 인사를 건네거나 만남을 제안하는 작은 실천을 계획하고 기록해보자.

- ☐ **대상**: '성장 관계'로 분류했던 박○○ 선배.
- ☐ **실천 계획**: 이번 주 수요일 저녁까지, '선배님과 대화하면 항상 새로운 아이디어를 얻게 돼요. 문득 안부가 궁금해졌습니다. 조만간 편하게 커피 한잔해요'라고 문자 보내기.
- ☐ **의미**: 의무적인 만남을 한 번 줄이고, 그 시간에 나를 성장시키는 사람과의 연결을 시도하는 첫걸음이다.

⑪

가족이라는 이름의 무게

해방과 재구성의 심리적 실험

'쿨 트러스트'를 통해 주체적인 관계 설계의 중요성을 이야기했다. 하지만 우리가 선택하지 않았음에도 이미 주어진, 그래서 더더욱 거리 조절이 어려운 관계가 있다. 바로 '가족'이다. 이 장에서는 가장 가깝기에 가장 상처 주기 쉬운 가족관계의 특성을 페미니즘과 윤리학의 시선으로 날카롭게 분석한다. 그리고 그 안에서 어떻게 나를 지키고 새로운 관계를 설정할 수 있을지 탐색한다.

관계 피로 중 가장 변화하기 어렵고 가장 깊은 상처를 남기는 관계가 바로 가족이다. 우리는 흔히 가족을 '사랑'과 '희생'이라는 이상적인 가치로 포장하지만, 그 이면에는 말로 설명하기 어려운 억압과 긴장이 숨어 있다.

페미니즘 이론가 미셸 배럿Michèle Barrett, 1949~과 메리 매킨토시Mary McIntosh, 1936~2013는 이런 가족의 이면을 날카롭게 파고들었다. 두 사람은 가족이라는 울타리 속에 숨겨진 억압적 구조, 특히 가족중심주의가 개인의 자유와 자율성을 어떻게 침해하는지 통렬하게 비판한다.

배럿에 따르면, 가족은 단순한 혈연 공동체를 넘어선다. 그것은 자본주의 사회를 지탱하는 핵심 제도이자, 특정한 형태의 노동과 감정을 재생산하는 장치다. 특히 가족을 유지하고 재생산하기 위해 요구되는 돌봄 노동(가사, 육아)과 감정 노동(갈등 조정, 정서적 지지)은 대개 '사랑'이나 '희생'이라는 이름 아래 여성에게 과도하게 전가된다. 이는 관계 피로의 가장 오래고도 근원적인 형태라 할 수 있다.

많은 여성이 가족의 평화와 안녕을 위해 자신의 욕망을 억누르고, 가족의 기대를 충족시키기 위해 끊임없이 희생한다. 이는 결국 자아의 소멸과 자기 소외로 이어지는 고통스러운 과정이다. 명절마다 가족의 식사를 홀로 도맡아 준비

• 미셸 배럿·메리 매킨토시, 《반사회적 가족》, 나름북스. 가족의 반사회성을 여실히 폭로한 페미니즘의 고전으로 꼽힌다. 가족이 지니는 부와 빈곤의 세습 기구로서의 성격, 가사노동을 통한 여성 착취, 사적 공간이라는 미명 아래 벌어지는 개인에 대한 억압 등의 문제를 직시하게 만드는 문제적 저작이다.

하고 정리하며, 구성원 사이의 미묘한 신경전을 온몸으로 감당해야 하는 여성의 모습은 배럿이 지적한 가족중심주의의 한 단면이다.

배럿은 이런 무형의 노동이 얼마나 가시화되지 않고 당연하게 여겨지는지 지적한다. 그리고 그로 인해 여성의 독립적 주체성이 어떻게 침식되는지를 심도 깊게 분석한다. 그녀의 통찰은, 가족이라는 사적 공간이 사실은 사회 구조와 권력 문제에 긴밀히 연결되어 있음을 보여준다.

우리는 이렇게 선택할 수 없었던 관계, 즉 부모와 자녀, 형제자매처럼 **태어나면서부터 주어진 '되어 있음'의 굴레에 얽매여 있다.** 가족은 때론 따뜻한 울타리지만, 동시에 벗어날 수 없는 벽이 되기도 한다. 혈연이라는 강력한 끈은 그 어떤 사회적 관계보다 끊기 어려우며, 이로 인해 우리는 '이 관계는 어쩔 수 없다'는 체념 속에 살아간다. "가족인데 당연히 그래야지", "사랑하니까 이 정도는 이해해야 해"라는 말들이 얼마나 큰 족쇄가 되는지 모른다. 가족이라는 이름 아래 무심코 용인되는 권력과 침묵의 구조는 개인의 자유를 끊임없이 잠식한다.

인류의 오랜 기록을 들여다보면, 이런 관계의 고삐는 시대를 초월한 보편적 고통의 원인이었다. 관계 피로는 단지 개인의 성격이나 감정 문제가 아니다. 그것은 사회 구조와 감정 체계가 낳은 결과이며, 우리가 이를 제대로 인식하고 직시할 때 비로소 관계로부터의 자유, 진정한 자율성으로 나아갈 수 있다.

'부모 됨'과 '자식 됨'이라는 역할 자체는 아름답지만, 그 역할에 붙은 사회적 규범과 기대가 개인의 자유를 어떻게 침식하는지에 대해 우리는 더 깊이 질문해야 한다. 상식이라는 이름 아래 당연하게 받아들여지는 역할들이, 실은 얼마나 거대한 보이지 않는 압력으로 작동하는지 성찰할 필요가 있다.

한 수필 작가는 딸과의 관계에서 '엄마'라는 호칭에 문득 의문이 일었다고 고백했다. 딸이 자신을 '엄마'라고 부를 때, 그 호칭이 마치 자신을 특정 역할과 규범 속에 가두는 듯한 느낌이었다는 것이다. "나는 왜 그냥 나로 불리지 않는가?"라는 질문이 그녀를 깊은 사색으로 이끌었다.

그녀의 글을 읽고 나서 나 역시 '상식적'인 호칭이 지닌 힘에 대해 다시 생각하게 되었다. 그래서 어느 날 저녁, 두 아들에게 조심스럽게 제안했다.

"얘들아, 앞으로 아빠를 이름으로 불러주면 안 될까? 내 세례명이 '바오로'니까 '폴'이라고 불러보는 건 어때?"

아이들은 잠시 의아한 표정을 짓더니, 이내 재미있다는 듯 받아들였다. 그런데 작은아이가 한술 더 떴다.

"좋아, 폴! 그럼 폴도 우리를 이름으로 불러주세요. '아들!' 말고요."

그 순간, 나는 아이들 역시 '아들'이라는 역할의 그림자에서 벗어나고 싶었을지도 모른다는 생각에 머리를 한 대 맞은 듯했다.

그날 이후 우리 가족은 서로를 역할이 아닌 이름으로 부르기 시작했다. 나는 아이들이 나를 "폴!" 하고 부를 때마다 서로 한 인간으로서 동등하게 마주하고 있다는 감각을 쌓아갈 수 있었다. 아이들 역시 '아들'이라는 역할에서 벗어나 자기 이름으로 불리며 스스로가 독립된 존재로 존중받고 있다는 인식을 점차 키워나갔다. 작은 변화였지만, 이는 단순히 호칭을 바꾸는 실험이 아니라 '관계는 재설계될 수 있다'는 확신이 되었다.

이런 관계 재구성의 경험이 나에겐 낯설지 않았다. 대학 시절 야학 활동을 통해 비슷한 해방의 경험을 몸으로 배운 적이 있다. 구로 3공단의 교회 지하, 희미한 백열등 아래에서 이루어지던 야학은 단지 지식을 나누는 장소가 아니었다. 그곳은 '선생'과 '학생'이라는 고정된 위계마저 사라지는, 실존의 깊은 교차점이었다.

나는 노동법 조항을 읊었지만, 그보다 훨씬 날카로운 질문과 경험이 현장 노동자들의 입에서 쏟아졌다. "언니가 프레스에 손가락 낀 적이 있어요." "약품 냄새 때문에 늘 두통인데, 산재 처리는 언감생심이에요." 나의 설명은 그들의 삶 앞에서 번번이 무너졌고, 그들이 들려주는 말 한마디가 오히려 나를 가르쳤다. 공장의 현실, 노조 설립의 두려움, 회사를 상대로 목소리 내는 일의 대가, 이 모든 것이 법이나 권리라는 언어를 삶의 차원에서 다시 배우게 했다.

그들과 나눈 시간은 '가르침'이 아니라 '상호 전환의 배움'이었다. 이론은 현실 속에서 비로소 숨을 쉬었고, 교실은 수평적 관계의 진정성을 확인하는 장이 되었다. 나는 그 경험을 통해 '가르치는 자'가 곧 '배우는 자'임을, '말하는 자'가 곧 '묻는 자'임을 절실히 느꼈다.

지금 내가 아이캔대학을 운영하며 가장 소중히 여기는 철학도 바로 이 시절의 경험에서 비롯되었다. 권위가 아니라 존중, 역할이 아니라 존재 자체에 주목하는 관계. 야학에서의 경험은 나로 하여금 '선생'이라는 이름 뒤에 숨은 교만을 걷어내게 했고, 배움이라는 관계를 근본부터 다시 정의하게 만들었다.

결국 '호칭 바꿔 부르기'와 '역할과 위계 재구성하기'는 같은 맥락에 놓여 있다. 관계를 새롭게 호명할 때, 우리는 서로를 다시 만나게 된다. 그 호명의 변화 속에 이전과는 전혀 다른 방식의 연결과 존중이 깃든다.

이렇게 관계를 새롭게 구성하려는 시도는 '사랑', '돌봄', '존중' 같은 가치조차 다시 사유하게 한다. 그 중심에 있는 감정이 '공감'이다. 많은 사람이 관계의 회복과 유대를 위해 가장 먼저 꺼내드는 이 감정이, 때론 관계를 무겁게 하고 서로를 지치게 만드는 역설로 작용하기도 한다. 아이러니하게도 우리가 가장 소중한 가치로 배워온 '공감'에 대한 착각이 수평적이고 자유로운 관계로 향하는 우리의 발목을 잡는다.

 우리는 어릴 때부터 '공감 잘하는 사람'이 좋은 사람이라 배웠고, 타인의 아픔에 함께 아파하는 것이 인간의 고귀한 능력이라고 믿어왔다. 그러나 과연 공감은 언제나 선하며 무조건 좋은 것일까? 그렇지 않다. 공감은 때로 타인의 감정에 대한 무례한 침입이 되기도 한다. 우리가 미덕으로만 여겨온 공감을 보다 섬세하고 비판적으로 들여다볼 필요가 있다.

 미국의 작가이자 비평가 수전 손택Susan Sontag, 1933-2004은 《타인의 고통》●에서, 반복되는 고통의 이미지가 우리를 무

● 수전 손택, 《타인의 고통》, 이후. 절판되어 새 책을 살 수 없겠지만 그래도 꼭 일독을 권한다. 열심히 찾으면 중고 책을 만나는 행운을 얻을지도 모른다. 정 안 되면 도서관에서 빌려서라도 읽었으면 좋겠다. 우리가 일상에서 TV나 사진을 통해 타인의 고통, 심지어는 전쟁의 비참한 현실까지도 어떻게 소비해버리는지를 폭로하는 무게감 있는 책이다. 가족에 대한 논의와는 동떨어진 주제인 듯하지만, 그녀의 예리한 비판은 가족관계조차 매일 일상에서 그저 무감각하게 소비해버리고 마는 세태가 관계의 진정성을 어떻게 파괴하는지를 깨닫게 한다.

감각하게 만들 수 있다고 지적한다. 미디어를 통해 끊임없이 재현되는 타인의 비극을 관음증적으로 응시하는 것이 과연 참다운 공감으로 이어지는지 그녀는 의문을 제기한다.

실제로 고통에 공감하려 애쓸수록, 우리는 자주 무너진다. 타인의 아픔을 나의 것으로 내면화하면서 감정은 소모되고 마음의 에너지는 바닥난다. 더욱이 '공감해야만 하는 사회'는 개인에게 일종의 감정 연기를 강요한다. 울지 않으면 냉정한 사람, 분노하지 않으면 무관심한 사람으로 낙인찍히기도 한다. 이것이야말로 현대판 감정의 강요이자, 우리 내면의 기록을 왜곡시키는 폭력이다.

철학자 에마뉘엘 레비나스 Emmanuel Levinas, 1906~1995는 이런 공감의 한계를 인식하고, '거리 윤리'를 강조한다. 그는 타인을 '닿을 수 없는 타자'라 명명하며, 우리는 아무리 노력해도 타인의 내면을 완전히 이해할 수 없다고 말한다. 타자는 결코 나의 연장이 아니며, 내 범주에 들어올 수 없는 고유하고 독립적인 존재라는 인식에서 윤리가 시작된다는 것이다. 즉, 모든 관계는 근본적으로 '완전한 이해 불가능성' 위에 서 있으며, 그 사실을 인정하는 것에서부터 진정한 존중이 가능해진다는 뜻이다.

레비나스에게 윤리란 타자의 고유성을 인정하고 그 경계를 침범하지 않는 데서 출발한다. **공감이란 타인을 나와 동**

일시하는 것이 아니라, 타인과 내가 다르다는 사실을 인정하는 것에서 시작되어야 한다. 타인의 감정을 내 기준으로 해석하고 개입하려는 충동을 멈추는 순간, 관계는 훨씬 건강해질 수 있다. 그 다름을 존중할 때 비로소 건강한 관계가 싹튼다. 너무 가까이 다가가면 오히려 타인의 본질이 흐려진다. 그러므로 적절한 거리가 필요하다. 거리 안에서 존중이 피어나고, 존중 안에서 진짜 관계가 자란다.

우리에게 필요한 것은 맹목적인 공감이 아니라, 건강한 경계를 세우는 '성숙한 공감'이다. 성숙한 공감은 상대의 고통에 휘말려 나를 잃지 않도록 스스로를 보호하는 '자기 돌봄'의 감정 기술이다. 슬퍼하는 상대와 함께 있어주되 그 감정에 매몰되지 않고 나의 중심을 지킬 때, 우리는 지치지 않고 오래도록 곁에 있을 수 있다.

한편 이런 감정적 거리 두기는 상대를 하나의 독립된 주체로 존중하는 윤리이기도 하다. 섣부른 위로나 조언으로 타인의 고유한 감정을 침범하는 대신 그저 조용히 함께 있어주는 것, 그것이야말로 상대가 스스로의 힘으로 일어서도록 돕는 가장 깊은 형태의 공감이자 존중이다.

이런 성숙한 공감과 건강한 관계 맺기는, 가장 가깝고도 복잡한 존재인 '가족'에게 적용될 때 비로소 그 의미가 드러난다. 우리는 가족이기 때문에, 또 서로를 너무 사랑하기 때문에 모든 것을 이해하고 감정까지 공유해야 한다는 착각에 빠지기 쉽다. 가족을 '나'와 분리된 타인이 아니라 마치 '나 자신'의 일부인 것처럼 동일시하는 것이다.

그러나 올바른 사랑은 이 '경계 없음'에서 오지 않는다. 오히려 가족 구성원 각자가 독립된 인격체로서 '홀로' 설 수 있을 때, 관계는 비로소 건강해진다. 부모의 불안이 곧 나의 불안이 아니고, 자녀의 인생이 곧 나의 인생이 아님을 인정하는 것. 이런 감정적 분리 능력은 가족 간의 사랑을 억압이 아닌 자유로운 지지로 작동하게 만드는 핵심 조건이다.

그러므로 가족관계에서 가장 중요한 것은 '적절한 거리'다. 이 거리감은 단절이 아니라, 서로의 고유함을 인정하고 각자의 자유를 지켜주려는 깊은 존중의 표현이다. '부모 됨', '자식 됨'이라는 이유로 침범과 동일시가 당연하게 여겨질 때, 관계는 쉽게 억압으로 변질된다. 진정한 자유는 이 '되어 있음'의 굴레를 인식하고 그 안에서 의식적으로 한 걸음 물러설 때 비로소 가능해진다. 가까운 관계일수록 독립된 존재로 마주할 수 있어야 한다.

공감도 마찬가지다. 무조건적인 감정이입이 아니라, 감정의 경계를 지키며 함께하는 태도. 그것이야말로 지속 가능한 관계를 만드는 성숙한 공감이다. 기록자가 사건에 지나치게 몰입하면 진실을 놓치듯, 관계에도 일정한 거리가 필요하다. 그 거리 안에서 우리는 스스로를 지키고 상대를 더 깊이 이해할 수 있다.

그래서 더욱 기록이 필요하다. 관계 안에서 감정의 움직임을 글로 옮기는 일은 단순한 회고가 아니라 관계에 대한 새로운 해석의 시작이다. '왜 나는 엄마의 한마디에 그렇게 상처받았을까?', '왜 아버지의 침묵이 무섭게 느껴졌을까?' 이런 질문을 던지며 감정을 기록하는 과정은, 우리가 무비판적으로 받아들였던 가족의 구조와 역할을 다시 바라보게 한다. 기록은 단절이 아니라 이해를 위한 거리 두기이며, 감정의 소용돌이에서 잠시 물러나 내 마음의 중심을 회복하는 고요한 사유의 시간이다.

그 기록 속에서 우리는 처음으로 가족을 '관계'로서 재구성할 수 있다. 기록을 통해 '보이지 않는 규칙'을 드러내고, 나만의 독립선언으로 삶을 조금씩 바꿔나가는 것. 그것이 가족이라는 불가항력적 관계 속에서 스스로 선택권과 자유를 되찾는 가장 확실한 길이다.

실천적 성찰

우리 가족의 '보이지 않는 규칙' 설명서 만들기
새로운 가족관계 설계의 출발점

모든 가족에게는 명시적인 규칙 외에도 암묵적으로 공유되는 '보이지 않는 규칙'이 있다. 이 규칙들은 때로 가족의 평화를 지키지만, 종종 특정 구성원의 희생을 강요하는 부자유의 원인이 되기도 한다. 기록학에서 가장 다루기 어려운 기록 중 하나가 바로 문서화되지 않은 '구술 기록'과 조직의 '암묵적 규칙'이다. 가족은 이 두 가지가 가장 강력하게 작동하는 집단이다. 이번 실천은 우리 가족을 지배하는 보이지 않는 규칙을 수면 위로 꺼내 객관적으로 바라보는 연습이다. 보이지 않던 규칙이 보이는 언어가 될 때, 우리는 비로소 그 규칙의 영향력 아래에서 벗어나, 가족 문화를 새롭게 설계할 기회를 얻게 된다. 아래 질문들에 대해, 판단 없이 솔직하게 답해보자.

1. 역할과 기대 Roles & Expectations

- ☐ 우리 가족에게 '좋은 아내, 남편, 자녀, 며느리'란 암묵적으로 어떤 모습인가? (희생적인, 순종적인, 경제적으로 유능한 등)
- ☐ 가족의 평화와 화목을 위해 주로 누가 자신의 감정을 억누르거나 희생하나?
- ☐ 명절이나 가족 행사에서 각자의 역할은 어떻게 정해지나?

2. 소통과 공감 Communication & Empathy

- ☐ 우리 가족은 '가족이니까 다 이해하겠지'라는 생각으로 솔직한 대화를 생략하는 경향이 있나?
- ☐ 나의 진짜 감정(슬픔, 분노, 서운함 등)을 표현했을 때, 비난이나 평가 없이 수용받은 경험이 있는가?
- ☐ 가족 구성원의 고통에 대해, 섣부른 '조언'이나 '해결책' 제시로 상대의 감정을 덮어버리지는 않는가?

3. 경계와 개성 Boundaries & Individuality

- ☐ 우리 가족은 서로의 사적인 영역(시간, 공간, 친구 관계, 경제 문제 등)을 얼마나 존중하나?
- ☐ '가족'이라는 이름으로 개인의 선택(진로, 결혼, 라이프스타일 등)에 깊이 관여하는 것이 당연하게 여겨지는가?

4. 이 '규칙 설명서'를 통해 발견한 우리 가족만의 가장 두드러진 특징(혹은 문제점)은 무엇인가?

실천적 성찰

가족 안에서 '나'로 서기
나의 작은 독립선언문

기록은 분석에서 그치지 않고 행동으로 이어질 때 진정한 힘을 갖는다. 앞서 우리 가족의 '보이지 않는 규칙'을 목록화했다면, 이제 그 기록을 바탕으로 '처분 disposition'과 '수정 amendment'을 실행할 차례다. 기록학에서 처분이란 가치가 다한 기록을 폐기하거나 보존 등급을 변경하는 공식적인 절차를 뜻한다. 나를 부자유하게 만드는 규칙을 바꾸기로 결심하는 것은, 내 삶의 아카이브에서 더는 유효하지 않은 기록에 대한 처분을 결정하는 것과 같다.

그리고 '나의 새로운 규칙'과 '독립선언'을 직접 만드는 것은, 이 결정을 공식화하는 '수정 기록'을 남기는 행위다. 머릿속 다짐은 쉽게 사라지지만, 문자로 기록된 선언은 나의 새로운 정책이자 나와 가족이 참조해야 할 분명한 '지침'이 된다. 이것은 단순한 반항이 아니라, 내 삶의 기록 관리자로서 가족 간의 권리를 행사하는 주체적인 행위다. 가족관계의 변화는 거창한 선언이 아닌, 나의 작은 행동 변화에서 시작된다.

앞에서 발견한 '보이지 않는 규칙' 중, 나를 가장 부자유하게 만드는 규칙 하나를 바꾸기 위한 '나의 새로운 규칙'을 정하고, 그것을 위한 아주 작은 '독립선언'을 계획하고 실천해보자.

1. 역할로부터의 독립

- **바꾸고 싶은 규칙**: 명절 음식은 무조건 내(여성)가 해야 한다.
- **나의 새로운 규칙**: 가족 행사는 모두가 함께 책임진다.
- **독립선언**: 이번 주말 가족들에게 '다음 명절부터는 각자 음식 하나씩 해오자'라고 제안하는 문자 보내기.

2. 감정으로부터의 독립

- **바꾸고 싶은 규칙**: 부모님의 걱정은 곧 나의 죄책감이다.
- **나의 새로운 규칙**: 부모님의 감정은 부모님의 것, 나의 감정은 나의 것이다.
- **독립선언**: 부모님이 걱정하실 때, "걱정시켜드려 죄송해요" 대신 "걱정하시는 마음은 알겠지만, 이건 제가 잘 해결해볼게요"라고 말해보기.

3. 시간으로부터의 독립

- **바꾸고 싶은 규칙**: 나의 개인 시간은 가족을 위해 언제든 희생되어야 한다.
- **나의 새로운 규칙**: 나만의 시간은 반드시 존중받아야 한다.
- **독립선언**: 가족들에게 "매주 ○요일 저녁 한 시간은 나만의 시간이니 방해하지 말아줘"라고 공식적으로 선언하기.

⑫
돈과 생계로부터의 자유

생계 너머, 나만의 '가치 성전'을 짓다

 이제 가장 현실적이고 근본적인 문제, 바로 '돈과 생계'를 마주할 시간이다. 노동이 생존을 위한 족쇄가 아니라 자유를 위한 발판이 될 수는 없을까? 이 장에서는 프롬과 일리치의 통찰을 통해 '소유'의 삶에서 '존재'의 삶으로, '임금 노동'에서 '가치 노동'으로 패러다임을 전환한다. 이를 통해 진정한 경제적 자유에 이르는 법을 모색해보자.

 매일 아침 출근길에 오르고, 밤늦게 지친 몸으로 집에 돌아온다. 그 길목에서 우리는 문득 노동의 의미를 되묻는다. 내가 쏟는 시간과 에너지는 단지 생계를 위한 수단일 뿐일까, 아니면 삶의 더 깊은 목적과 맞닿아 있을까?

현대 사회에서 노동은 단순한 돈벌이를 넘어 자아실현의 중요한 수단으로 여겨진다. 그러나 많은 사람이 '소비를 위한 노동, 노동을 위한 소비'라는 끝없는 순환 속에서 허우적거린다. 열심히 일해 번 돈으로 소비를 하고, 그 소비를 위해 다시 일하는 삶. 이 악순환의 고리 속에서 자유는 점점 더 멀어진다.

이 지점에서 에리히 프롬의 통찰은 깊은 울림을 준다. 그는 《소유냐 존재냐》에서 현대인이 **'더 많이 갖는 것'에 사로잡힌 소유 중심의 삶에 갇혀 있다고** 진단한다. 자기 자신을 '무엇을 가졌는가'로 평가하는 사고방식은 노동조차 더 많은 돈과 물건을 위한 수단으로 전락시킨다. 우리가 경험하고 있는 '소비를 위한 노동'은 바로 이 소유 중심 사고가 만든 결과다.

그러나 프롬은 참다운 만족과 충만함은 '어떻게 존재하는가'에서 비롯된다고 강조한다. 즉, 삶을 수동적으로 견디는 것이 아니라 능동적으로 살아내는 존재 양식에서 비롯된다는 뜻이다. 노동으로부터의 자유는, 바로 이 소유의 한계를 벗어나 존재의 방식으로 용기 있게 나아갈 때 비로소 시작된다.

그렇다면 노동의 본질은 무엇인가? 단순한 의무 수행인

가, 아니면 자아실현의 과정인가? 노동 안에서 자유를 회복하려면, 직위나 외부 평가가 아닌 자신이 추구하는 내면의 가치를 중심으로 삼아야 한다.

예를 들어 학문을 하는 사람이라면, 지식 전달에 그치지 않고 그 지식으로 어떻게 세상에 기여할지 고민해야 한다. 사람들의 삶에 어떤 가치를 더할지 물어야 한다. 그러면 학문은 더 이상 일이 아닌 사랑의 실천이 된다. 그때 비로소 직업은 나를 규정하는 외적인 형식을 넘어, 내가 실현하고픈 가치를 펼치는 무대로 재정의된다.

오스트리아의 사상가 이반 일리치Ivan Illich, 1926~2002는 우리가 흔히 '노동'이라 부르는, 즉 임금을 받고 수행하는 일work의 개념을 근본부터 다시 묻는다. 그는 《그림자 노동》*에서 현대 사회가 자율성과 공동체를 해체하는 방식으로 노동을 조직해왔다고 날카롭게 비판한다. 산업화와 성장 중심 경제는 인간의 삶을 시장의 교환가치로 환원시킨다. 그 과정에서 가사노동, 돌봄, 자원봉사, 자급자족 활동 같은 수많

- 이반 일리치, 《그림자 노동》, 사월의책. 월급을 받는 '일' 외에, 대가 없이 수행하는 수많은 숨겨진 노동, 즉 '그림자 노동'의 실체를 파헤친다. 성장과 효율만을 최우선으로 여기는 현대 사회가 어떻게 우리의 시간과 자율성을 빼앗는지 날카롭게 지적하면서, 창의적이고 자유로운 삶의 회복을 주장하는 선언문과도 같은 책이다. 노동의 본질을 이해하기 위해 반드시 거쳐야 할 필독서다.

은 비공식적 노동을 '비노동'으로 취급하거나 '당연한 일'로 여겨왔다. 일리치는 이런 숨겨진 활동을 '그림자 노동shadow work'이라 부른다. 그리고 이 노동이야말로 자본주의 사회가 성장이라는 이름으로 은폐하고 착취해온 삶의 진짜 영역이라고 지적한다.

일리치는 '가치 노동vernacular work'이라는 개념을 통해 노동의 본질을 임금과 직업의 테두리 너머로 확장한다. 가치 노동이란 단지 돈을 벌기 위한 일이 아니라, 인간 본연의 필요와 공동체적 유대를 바탕으로 자율적으로 실천하는 일이다. 이 개념은 직업으로서의 노동을 넘어, 비상업적이고 자발적으로 수행되는 모든 행위를 포함한다. 돈벌이가 목적이 아니더라도, 인간의 삶을 지탱하고 다른 사람들과 관계를 형성하는 다양한 활동이 노동의 가치를 갖는다는 인식이다.

곰곰이 살펴보면, 우리 주변의 많은 행위가 넓은 의미에서 이타성을 지닌다. 누군가 물건을 만들면 그것은 타인에게 유용함을 제공한다. 내가 책을 쓰고 교육 콘텐츠를 만드는 일도 독자와 학습자를 돕기 위한 마음에서 비롯되었다. 많은 직장인이 회사에 출근해 업무를 수행하는 것 또한 그 회사의 상품과 서비스가 누군가의 삶에 기여한다는 점에서 이타적인 성격을 띤다.

우리가 자각하지 못했을 뿐, 일상의 많은 순간이 가치 노동으로 가득 차 있다. 아침에 가족을 위해 식사를 준비하는 일, 퇴근길에 쓰레기를 분리수거하는 일, 공공장소에서 타인을 배려하는 사소한 행동 하나까지 모두 그 범주에 포함된다. 이는 우리가 타인과의 관계 속에서 끊임없이 가치를 창출하고 있음을 보여준다.

이런 인식이 바로 가치 노동의 핵심이다. 일리치는 **노동의 본질이 경제적 보상에 있지 않고, 타인과 공동체에 대한 기여에 있다**고 보았다. 이처럼 관계 속에서 탄생하는 노동은 '누군가의 삶에 내가 어떤 방식으로 기여하는가?'라는 질문을 품게 한다.

누군가의 명령이나 보상 때문이 아닌, 내 삶의 의미와 공동체적 감각에 따라 무언가를 만들고 돌보는 행위, 그 속에서 우리는 자율성과 만족, 기여와 연대라는 가장 인간적이고 본질적인 차원의 노동을 되찾을 수 있다. 노동은 생계를 위한 수단이기에 앞서, 삶의 이유를 찾아가는 여로가 될 수 있다.

하지만 많은 사람이 이렇게 반문한다. "당장 먹고살기 위해 하는 일이 나의 적성과 맞지 않는데, 어떻게 거기서 의미를 찾으란 말인가?" 바로 이 질문이 가치 노동을 이해하는 핵심 지점이다. 가치 노동은 지금 당장 회사를 그만두고

꿈을 좇으라는 낭만적인 구호가 아니다. 오히려 지금 서 있는 그 자리에서, **일의 의미를 새롭게 정의하고 삶의 주도권을 되찾는 능동적인 '태도'이자 '기술'**이다. 여기에는 두 가지 길이 있다.

첫 번째 길은 지금 하는 일을 '의미의 렌즈'를 끼고 다르게 바라보는 연습이다. 고도로 분업화된 현대 사회에서 우리는 종종 자신이 하는 일이 거대한 시스템의 일부일 뿐이라는 무력감을 느낀다. 내가 하는 일이 어디에 연결되고 어떤 결과로 이어지는지 알 수 없기에 일은 점점 무의미해진다. 이때 필요한 것이 의식적으로 '의미의 렌즈'를 끼고 보는 일이다.

먼저 '연결'을 회복한다. 내가 작성한 보고서가 회사의 결정에 어떤 영향을 미치는지, 내가 응대한 고객이 어떤 가치를 경험하는지 상상하고 확인하는 과정이 일에 대한 감각을 되살린다. 마치 벽돌을 나르는 사람이 "나는 지금 하느님의 성전을 짓고 있다"라고 말하듯, 자신의 일이 전체 속에서 어떤 의미를 갖는지 연결해보는 훈련이다.

다음으로 '역할'을 스스로 재정의해보자. 단순히 직무기술서에 쓰인 내용이 아니라, **"나는 이 일을 통해 누구에게 어떤 도움을 주는 사람인가?"**라고 질문해보는 것이다. 사무직이 아니라 '조율자'로, 판매원이 아니라 '좋은 선택을 제안하는 전문가'로 스스로를 재정의할 때, 일이 조금씩 생기를 띠기 시작한다.

그러나 아무리 렌즈를 바꿔 끼고 봐도 그 일이 나의 깊은 바람이나 정체성과 어긋나는 경우가 있다. 그럴 때는 현재의 직업을 '가치 실현의 장'이 아니라 '꿈을 위한 디딤돌'로 새롭게 설정하는 지혜가 필요하다. 이것이 바로 두 번째 길, '병행하는 삶'이다.

지금의 일을 생계를 해결하는 '고마운 수단'으로 보고, 퇴근 후나 주말 시간을 활용해 자신의 진짜 욕망과 꿈을 향한 활동을 시작한다. 하루 한 시간씩 글을 쓰며 작가적 역량을 키우거나 주말마다 작은 공방을 열어 공예가를 준비하는 식이다.

이 병행의 삶 속에서 현재의 일은 더 이상 나를 소진시키는 의무가 아니라 미래를 위한 전략적 자원이 된다. '언젠가'라는 막연한 희망이 아니라 '오늘'의 구체적인 실천을 통해 삶의 방향을 조금씩 수정해나가는 것이다.

이런 시도는 우리에게 제도나 조직으로부터의 해방감과 자신의 시간을 스스로 구성하는 자율적인 경험을 선사한다. 주체적으로 선택하고 실천하는 가치 노동은 단순한 이타적 행위를 넘어, 자신의 존재를 확인하고 삶의 만족을 높이는 강력한 도구가 된다.

이런 삶의 방식은 프리랜서뿐 아니라 직장인에게도 충분히 가능하다. 한 식품회사 마케터는 매일 아침 30분씩 블로그에 글을 쓴다. 처음엔 그저 기록이었지만, 시간이 쌓이자 특정 주제에 대한 통찰이 담겼고, 그 글을 바탕으로 전문 매체에 기고하기 시작했다. 그는 말한다. "회사 일은 여전히 하지만, 제 시간을 들여 무언가를 스스로 만들어간다는 느낌이 들면서 점점 자유가 확장됐어요."

물론 노동으로부터 자유로워지기 위한 첫걸음이 탄탄한 재정적 기반을 마련하는 데서 시작된다는 것을 부정할 수는 없다. 그러나 그것은 맹목적으로 돈을 벌거나 쌓아두는 것을 의미하지 않는다. 중요한 것은 무분별한 소비가 아닌 '가치 있는 투자'로서의 재테크를 실천하는 일이다.

주말마다 백화점으로 향하거나 최신 유행을 좇아 끊임없이 소비하는 행위는 일시적인 만족만 줄 뿐, 결국 더 많은 노동을 필요로 하는 구조로 개인을 몰아넣는다. 반면 진정한 재테크는 통장에 찍히는 숫자가 불어날 때가 아니라, 그 숫자가 나의 꿈과 가치를 향한 든든한 디딤돌이 될 때 비로소 의미를 갖는다.

'꿈을 위한 절제된 소비'는 더 이상 억눌림이나 결핍의 삶이 아니다. 그것은 미래의 자유를 위한 전략적 선택이며, 한정된 자원을 참된 성장을 위해 재배치하는 능동적 실천이다. 돈을 자유의 적이 아닌, 자유를 실현하는 도구로 전환하는 것, 이 지점에서 노동으로부터의 자유가 시작된다.

이때 우리가 추구해야 할 것은 단지 물리적 성과의 축적이 아니다. 우리는 정신적 충만감과 개인의 성장을 포함한 삶의 총체적 축적, 다시 말해 '가치 성전聖殿'의 건설을 추구해야 한다. 내가 선택하고 지향하는 가치와 의미를 한 줄 한 줄 정성껏 쌓아올려, 자신만의 고유한 삶의 공간을 짓는 작업이다. 그 안에서 나의 직업, 기술, 시간은 성전을 이루는 벽돌이 된다.

물론 나 역시 처음부터 완벽한 성전을 지은 것은 아니다. 24년간의 교수라는 직업은 분명 소중한 첫 번째 성전이었다. 기록학의 가치를 실현하고 제자들을 키워내는 일은 분명한 의미와 보람을 주었다. 돌이켜보면 내가 교수가 된 데에는 어머니의 오랜 바람이 큰 영향을 미쳤다. 고등학생 시절부터 '교수, 교수' 하시던 어머니의 잔소리가 내 무의식에 깊이 자리 잡았던 것 같다. 늦은 나이에 유학길에 올라 마침내 교수가 되었을 때, 나는 부모님을 모시고 이제 그만 원을 푸시라고, 세계적인 학자가 되라는 등의 요구는 더는 마시라고 단단히 일러두었다.

그 영향이었을까, 나는 논문을 위한 학자가 되기보다 기록의 현장을 발로 뛰는 교수가 되었다. 정책 프로젝트를 진행하고도 그것을 논문으로 연결한 적이 거의 없을 정도였다. 나는 프로젝트 자체에 몰입해 현실의 문제를 풀어가는 과정이 좋았다.

하지만 퇴임 후 생각이 완전히 바뀌었다. 내가 가진 지적 자산을 더 많은 사람과 나누는 최적의 방법은 책을 쓰는 일이었다. 교과서나 이론서가 아닌, 누구나 재미있고 유익하게 읽을 수 있는 책을 쓰는 것이 지식인으로서의 새로운 책무라 여겨졌다. 그렇게 나의 두 번째 가치 성전 짓기가 시작되었다.

첫 책을 준비하면서 나는 중요한 경험을 했다. 원고의 3분의 1가량을 써서 한 출판사 편집자에게 보냈는데, 그의 평가는 냉정했다. "쓴 글의 내용 중 중복되는 게 하나도 없네요. 이렇게 써서는 독자들이 책을 통해 배우는 게 없을 겁니다." 중요한 것은 상세히 설명하고 반복해서 강조해야 메시지가 전달된다는 지적이었다. 그가 고쳐 보내준 일부 원고를 보고 나는 완전히 다른 세상을 만났다. 내 글은 어렵고 무미건조하기 짝이 없었다. 나는 지금도 그 편집자에게 감사한다. 그 덕에 쉬운 언어를 쓰려 노력하고, 중요한 대목은 표현을 달리하며 반복하는 법을 배웠다. 그렇게 나온 책이 나의 첫 대중서 《거인의 노트》였고, 운 좋게도 많은 독자의 사랑을 받았다.

두 번째 가치 성전을 쌓는 일은 쉽지 않았지만, 그 과정은 감동적이었다. 사람들과 소통하고, 내가 원하는 글이 아니라 독자를 위한 글을 쓴다는 것. 이보다 더 값진 가치 노동은 없었다. 지금도 나는 매년 두 권의 책을 쓰려 애쓴다. 아이캔대학에서 대중교육을 하는 것과 책을 내는 일은 내게 같은 의미다. 지식을 나누는 이타성의 실천이다.

나의 스승과도 같은 철학자 자크 랑시에르Jacques Rancière, 1940~는 '지식의 평등'을 말했다. 나는 책 출간을 통해 그가 말한 것을 조용히 실천하고 있다. 회식 자리에서 '건배' 대신 '지평知平'을 외치며 잔을 부딪치는 나의 작은 의식도 같은 마음에서 비롯되었다. 지식의 수평선을 넓히는 일, 나는 앞으로도 그 일을 위해 최선을 다할 것이다. 내 삶에서 그보다 더 값진 자유는 없다.

이렇듯 노동으로부터의 자유란 노동의 부정이 아니다. 노동의 재구성이다. 자유로운 노동이란 내가 선택한 가치에 따라 나만의 방식으로 일하는 삶이다. 그것은 더 이상 삶의 한계가 아니라, 나의 성전을 완성하는 숭고한 여로다.

이제 우리에게 필요한 것은 '노동으로부터의 도피'가 아니라 '노동의 재구성'이다. 내가 선택한 가치를 중심으로 삶과 노동의 의미를 재정의하고, '성전'을 짓듯 한 줄 한 줄 기록해가는 과정이 바로 그것이다. 이때 기록은 단순한 회고가 아니다. 그것은 나의 노동과 소비, 시간과 에너지를 단지 생존을 위한 일차적 가치로만 여기지 않고, 존재의 이유와 성장을 위한 이차적 가치로 확장하는 창조적 실천이다. 오늘의 한 줄이 쌓여 내일의 성전이 된다.

실천적 성찰

나의 경제적 자유 진단하기

'소유'에서 '존재'로 나아가는 길

에리히 프롬의 '소유/존재' 양식과 이반 일리치의 '가치 노동' 개념을 통해 나의 현재 상태를 진단하고 진정한 자유를 향한 첫걸음을 계획하는 시간이다. 기록학에서 기록의 가치를 평가할 때, 우리는 그것이 만들어질 당시의 목적(일차적 가치)과 시간이 흐른 뒤에도 지속되는 역사적·정보적 의미(이차적 가치)를 구분한다. 이번 실천은 나의 노동과 돈을 생존을 위한 일차적 가치에만 한정하지 않고, 나의 성장과 삶의 의미라는 이차적 가치의 관점에서 재평가하고 재설계하는 작업이다.

1. **나의 '노동' 진단하기**(소유 양식 vs 존재 양식): 현재 나의 주된 노동(직업)을 떠올리며 각 질문에 대한 나의 상태를 솔직하게 기록해보자.

    □ 의미와 가치: 나는 내 일이 사회나 타인에게 어떤 긍정적인 의미를 주는지 알고 있나? 나의 일과 나의 '가치 성전'은 어떻게 연결되는가?

    □ 성장과 배움: 나는 현재의 일을 통해 인간으로서 또는 전문가로서 성장하고 있다고 느끼는가?

    □ 자율성과 주도권: 나는 나의 일하는 방식이나 내용에 대해 스스로 결정할 수 있는 부분이 있나?

    □ 소진과 활력: 일이 끝나면 주로 '소진되었다'는 느낌인가, 아니면 '보람 있다'는 느낌인가?

2. **나의 '돈' 진단하기**(소유 양식 vs 존재 양식): 나의 소비와 저축 습관을 돌아보며 각 질문에 대한 나의 상태를 솔직하게 기록해보자.

   ☐ 소비의 목적: 나의 주된 소비는 '결핍을 채우기 위한 것(소유)'인가, 아니면 '성장과 경험을 위한 것(존재)'인가?

   ☐ 저축의 목적: 나의 저축이나 재테크는 막연한 불안감 때문인가, 아니면 나의 꿈이나 '가치 성전'을 짓기 위한 구체적인 목표 때문인가?

   ☐ 만족의 원천: 나에게 가장 큰 만족을 주는 것은 '물건을 소유하는 것'인가, 아니면 '경험을 나누는 것'인가?

3. **'가치 노동'을 위한 '나의 다음 걸음' 계획하기**: 위의 진단 결과를 바탕으로, 노동으로부터 자유로워지기 위한 나의 구체적인 실천 계획을 아래 두 가지 길 중 하나를 선택해 세워보자.

   ☐ 선택 ① 현재의 일을 '의미의 렌즈' 끼고 보기: 만약 현재의 일을 계속해야 한다면, 그 안에서 '가치 노동'의 요소를 1퍼센트라도 늘리기 위해 무엇을 시도해볼 수 있을까?

   ☐ 선택 ② '병행하는 삶' 시작하기: 만약 새로운 '가치 노동'을 시작하고 싶다면, 나의 진짜 꿈을 위해 이번 달부터 시간을 투자할 수 있는 아주 작은 행동은 무엇인가?

4. **나의 노동과 돈에 대한 태도는 '소유'와 '존재' 중 어느 쪽에 더 가까운가?**

   진단 결과, 나의 노동과 돈에 대한 태도는 '소유' 양식에 훨씬 가까웠다. 월급(소유)을 위해 의미를 찾기 어려운 일을 반복하고, 그 스트레스를 불필요한 소비(소유)로 푸는 악순환에 갇혀 있었다.

5. 3단계에서 계획한 '나의 다음 걸음'을 꾸준히 실천한다면, 1년 후 나의 삶은 어떻게 달라져 있을까?

3단계에서 계획한 '병행하는 삶(선택 ②)'을 1년간 꾸준히 실천한다면, 나는 더 이상 월급에만 의존하는 직장인이 아닐 것이다. 비록 작은 규모일지라도 나만의 가치를 실현하는 '콘텐츠 제작자'라는 또 다른 정체성을 갖게 될 것이다. 경제적 불안감은 조금 줄고 삶의 주도권과 만족감은 훨씬 커져 있을 것이다.

3부

성장

마침내, 이타적 개인주의자의 길

⑬

누가 내 삶의 이야기를 쓰는가

기록으로 과거를 구원하고, 현재를 살다

지금까지 우리를 부자유하게 만드는 내·외적 억압의 정체를 하나씩 밝혔다. 그렇다면 이 모든 파편적인 경험과 깨달음을 어떻게 하나의 힘으로 엮어낼 수 있을까? 그 유일한 도구가 바로 '기록'이다. 이 장에서는 기록을 통해 과거의 상처를 재해석하고, 흩어진 경험을 의미 있는 서사로 연결해 완성한다. 그리고 마침내 '내 삶의 저자'가 되는 구체적인 방법을 이야기해보자.

우리는 그동안 타인의 시선이나 사회적 기준으로 자신을 평가해왔다. 그 과정에서 나의 고유한 삶의 결은 흐려지고, 어느 순간 길을 잃는다. 나는 누구인지, 어디에 있는지 잊은 채 살아간다. 그런 삶의 무력감 앞에서 방향을 바꾸는 가장 유효한 방법으로, 나는 계속 '기록의 실천'을 제시해왔다.

기록은 밖으로 향하던 시선을 안으로 돌린다. 삶을 있는 그대로 바라보고, 그 안에서 고유한 의미와 가치를 발견하도록 돕는다. 단순히 지나간 일을 정리하는 데 그치지 않고, 미래의 나를 위한 청사진을 그리는 창조적 행위로 작용한다. 마치 스쳐가는 생각을 메모장에 붙잡아두듯, 기록은 나를 나에게 다시 소개하는 언어적 행위다.

무엇보다 이런 기록이 습관으로 이어질 때, 비로소 삶을 바꾸는 힘이 된다. 삶을 바라보는 감각을 예민하게 다듬고, 자유에 대한 감수성을 유지하는 내면의 근육이 된다. 매일 밤 잠들기 전 5분이라도 감정과 생각을 적거나, 주말마다 한 주를 돌아보며 기록하는 습관이 작지만 지속적인 내적 혁명을 일으킨다.

"나는 왜 그렇게 반응했을까?" "오늘의 선택은 어떤 동기에서 비롯되었을까?" "이 감정의 뿌리는 무엇일까?" 이런 질문이 기록을 통해 더 또렷해진다. 막연했던 감정과 사건이 종이 위에서 탐구의 대상으로 구체화된다. 기록은 질문에 대한 응답과 성찰을 담는 그릇이자, 과거의 나와 현재의 나를 잇는 다리가 된다. 거기서 우리는 더 이상 삶에 휘둘리는 수동적 존재가 아니라, 삶을 읽는 능동적인 존재로 거듭나기 시작한다.

　기록의 핵심은 자신과의 대화를 이어가는 데 있다. 나의 기준, 판단, 감정의 흐름을 글로 가시화하는 일이다. 생각과 감정이 글로 쓰이는 순간, 그것들은 더 이상 막연한 감각이 아니라 구체적인 대상이 된다. 그 후에야 우리는 그것을 객관적으로 분석하고 다룰 수 있다. 이것이 바로 기록이 불러오는 자유의 첫 번째 속성이다. 우리는 더 이상 정체 모를 감정의 노예가 아니라, 자신의 감정을 명명하고 다스리는 주인이 된다.

　나에게 어떤 영향이 작용했는지, 어떤 욕망에 이끌렸으며, 어떤 압력에 굴복했는지 명확히 파악함으로써 우리는 다음 선택의 순간에 더 주체적이고 자유로운 판단을 내릴 수 있다. 즉, 자유란 타인의 간섭이 없는 상태만을 의미하지 않는다. 자기 결정의 근거를 스스로 마련하고, 그에 따라 선택하는 능동적인 힘을 의미한다. 기록은 그 힘을 기르는 가장 정직한 훈련이다.

　기록은 감정 해소의 수단을 넘어, 경험을 구조화하는 인지적 행동이자 삶의 패턴을 발견하게 하는 자기 인식의 도구다. 우리는 꾸준한 기록을 통해 나의 사고 패턴, 감정의 기복, 반복되는 행동 양식을 객관적으로 파악할 수 있다. 이를 통해 무의식의 영역에 있던 반복을 의식의 영역으로 끌어올려 삶을 재구성할 수 있다. 마치 연구자가 방대한 자료에서 의미 있는 통찰을 찾아내듯, **우리는 자신의 기록 속에서 삶의 숨은 규칙과 의미를 발견한다.**

이렇게 축적된 기록은 곧 '의식의 자산'이 된다. 그리고 이 자산은 나의 실천적 자유를 떠받치는 정서적·인지적 기반이 된다. 기록은 자신을 해석할 언어를 제공하며, 궁극적으로는 삶의 서사를 구성하는 작업이다. 단지 일기를 쓰는 것이 아니라, 나라는 존재를 해석하고 설명하는 고유한 언어를 만드는 일이다.

중년 여성 K는 자녀가 모두 독립한 후 삶의 방향을 잃고 무력감에 빠졌지만, 매일 아침 '감정 일기'를 쓰면서 삶을 조금씩 회복했다고 말했다. 처음에는 '그냥 아무 생각도 없다'로 시작했지만, 며칠 지나자 '오늘은 왠지 햇살이 고맙다', '문득 아들의 첫돌 사진이 떠올라 눈물이 났다' 같은 문장들이 생겨났다. 그것이 자신을 다시 살아 있는 존재로 느끼게 해주었다고 했다.

퇴직 후 삶의 방향을 잃었던 L은 '인생 60년 회고록'을 쓰기 시작했다. 처음엔 과거를 단순히 연대기적으로 나열했지만, 점차 특정한 선택의 순간과 감정의 전환점을 중심으로 자신의 삶을 재구성해나갔다. 그의 작업은 과거를 이해하는 데 그치지 않고, 남은 삶을 어떻게 살 것인가에 대한 비전으로까지 이어졌다. 그는 기록을 마친 뒤 "내가 한 인생을 정말 살아왔다는 것이 믿어졌다"고 말했다. 그 말은 곧 '기록이 없었다면 나는 내 인생의 증인이 될 수 없었을 것'이라는 뜻이기도 하다.

이처럼 반복된 기록은 자신만의 고유한 내러티브를 구축하게 한다. 이는 정체성의 형성과도 깊이 연결된다. 내가 왜 이런 삶을 살아왔는지, 무엇을 통해 성장했는지 깨닫는 순간, 우리는 더 주체적으로 미래를 설계할 수 있다. 과거의 경험을 자산 삼아 나아갈 수 있다. 기록은 파편화된 과거의 경험을 하나의 이야기로 엮으며 우리를 '삶의 저자'로 만들어준다.

"내가 왜 이런 삶을 살아왔는가?" "무엇을 통해 성장해왔나?" 이런 질문의 답을 찾는 과정에서 우리는 자신의 과거를 자산으로 전환할 수 있다. 흩어진 기억과 경험이 하나의 맥락으로 엮이고, 우리는 마침내 내 삶의 주인공이 된다.

이런 서사적 자기 인식의 토대는 독일의 철학자 발터 벤야민 Walter Benjamin, 1892~1940이 말한 '메시아적 시간 messianic time' 개념과도 닿아 있다. 그는 시간을 과거에서 현재, 미래로 이어지는 단선적 흐름으로 보지 않았다. 과거와 현재, 미래가 서로 영향을 주고받으며 유기적으로 연결된 비선형적 흐름으로 보았다.

벤야민은 현재의 강렬한 경험이 과거의 의미를 새롭게 조명하고, 그로 인해 미래의 가능성 또한 열릴 수 있다고 보았다. 그에 따르면 과거는 단순히 지나간 것에 머무르지 않고, 현재의 인식에 의해 언제든 새로운 의미를 부여받을 수 있다. 그렇게 재해석된 과거는 또 다른 방식으로 미래를 비추는 힘이 된다. 즉, 지금 이 순간의 감각과 기억을 통해 삶의 의미를 다시 쓰는 동시에, 우리가 단절된 사건의 연속이 아니라 하나의 통합된 삶의 흐름 속에 있음을 발견하게 된다.

예를 들어 과거의 고통스러운 경험을 현재 성찰의 렌즈로 바라보면, 그것은 더 이상 단순한 상처가 아니다. 오히려 현재의 '나'를 이루는 핵심적인 기억이자 자양분이 되어 미래로 나아가는 힘으로 작용한다.

어린 시절 심한 실패를 경험한 사람이 있다고 하자. 그 좌절은 한때 그를 무력하게 만들었다. 하지만 성인이 되어 비슷한 상황을 마주했을 때 그 과거의 기억을 '성장에 필요한 배움'으로 재해석한다면, 오히려 상처는 앞으로 나아갈 힘이 된다.

벤야민의 메시아적 시간이란, 바로 이처럼 과거를 현재의 눈으로 재구성하고 미래의 지평을 발견하는 역동적이고 창조적인 과정이다. 우리가 기록을 통해 흩어진 경험과 감정을 하나로 묶어 나의 서사를 완성해나가는 일은, 결국 과거의 기억, 현재의 감각, 미래의 가능성을 엮어내 메시아적 시간 속에서 진정한 '나'를 발견하는 탐구의 출발점이 된다. 과거에 발목 잡히지 않고 오히려 과거를 디딤돌 삼아 미래로 나아가는 힘, 이 시간의 주도권을 되찾는 것이야말로 우리가 기록을 통해 얻을 수 있는 실존적 자유다.

초기 기독교 사상가이자 철학자 아우구스티누스Augustinus, 354~430는 《고백록》을 통해 자신의 삶을 깊이 성찰하며 기록했다. 그의 《고백록》은 그저 자서전이 아니다. 로마제국 말기의 불안정한 시대 상황에서 그는 청년기의 방황, 쾌락의 유혹, 철학적 갈등 등 자신의 내면적 혼란을 적나라하게 드러냈다. 그러나 그는 그것을 부끄러워하거나 감추지 않고 진실되게 드러냄으로써 내면의 질서를 되찾고 신과의 관계를 새롭게 정립해갔다.

《고백록》은 이러한 회개를 따라 영혼의 변화와 각성을 기록한 '영적 자서전'으로, 이후 서양의 자서전 문학과 종교적 자기 성찰 전통에 지대한 영향을 끼쳤다. 그는 글쓰기를 통해 과거의 자신을 재구성하고 내면의 혼란을 정리하며, 신의 뜻을 깨닫는 과정을 보여주었다.

이렇게 글을 통해 막연했던 생각과 감정을 구체적인 형태로 '고백'하는 순간, 우리는 그것들을 직면하고 다룰 수 있게 된다. 이는 곧 자기 치유의 과정이기도 하다. **글쓰기는 상처를 객관적으로 바라보고 그 의미를 재구성하게 함으로써 과거의 고통에서 벗어날 수 있도록 도와준다.** 이런 '자기 서사화self-narration'는 단순한 회고를 넘어, 자아를 구성하고 삶의 의미를 빚어가는 핵심적인 행위다. '자기 역사 쓰기'는 자아를 재발견하기 위한 글쓰기 실천의 정수라 할 수 있다.

나 역시 내 인생에 걸쳐 두 번 자기 역사 쓰기를 진행했다. 그 과정을 통해 엉켜 있던 과거의 감정을 정리하고, 미처 생각지 못했던 삶의 맥락을 발견했으며, 잊고 있던 감사함과 마음 깊이 남았던 나의 진짜 바람들이 선명해지는 것을 느꼈다. 나는 여기서 한 걸음 더 나아가, 거의 매년 '연사年史', 즉 1년의 역사를 쓴다. 거창할 것 없다. 한 해를 월별로 나눠 기억나는 사건과 감정을 정리하고, 동시에 관계, 성장, 즐거움 같은 주제를 정해 그 흐름을 선으로 잇듯 생각을 이어가는 것이다. 자기 역사 쓰기는 놀랍게도 잊고 있던 나를 되살려내는 힘이 있다.

잊고 있던 욕망과 기쁨이 되살아나면 삶은 다시 뜨거워진다. 1979년 대학 1학년 때 나는 테니스의 매력에 푹 빠졌다. 하지만 당시 위중한 시국에 테니스를 친다는 것이 일종의 사치처럼 여겨져 마음껏 즐기지 못했다. 유학 시절에는 매주 토요일을 '테니스데이'로 정해 원을 풀었지만, 귀국 후에는 20년간 라켓을 잡지 못했다. 그런데 자기 역사를 쓰는 과정에서 잊고 있던 테니스에 대한 열망을 우연히 발견하게 되었다. 지금 나는 실내 테니스장에서 기계를 상대로 일주일에 한 번씩 공을 치는데, 그 한 시간이 일주일 내내 삶의 활력을 준다.

고등학생 시절부터 품어온 글쓰기에 대한 열망도 마찬가지였다. 교수로서 현장을 뛰어다니며 실천에 몰두하는 동안 글쓰기는 늘 뒷전이었다. 그러나 자기 역사 쓰기는 나의 깊은 욕망을 다시 들춰냈고, 그 덕분에 《거인의 노트》를 시작으로 여러 권의 책을 연달아 출간할 수 있었다. 지금 이 글을 쓰고 있는 나 또한 자기 역사 쓰기의 산물인 셈이다. 이처럼 잊고 있던 욕망을 되살려 현재의 삶으로 가져오는 것, 이것이 바로 기록을 통해 과거의 억압으로부터 나를 해방시키는 구체적인 과정이다.

이런 과정을 통해 우리는 자신만의 서사를 창조하고 그 서사의 진짜 주인이 될 수 있다. 과거의 아픔과 실패까지 성장의 밑거름으로 삼고, 미래를 향한 길잡이로 전환시키는 지혜를 얻는다. 자신의 삶을 하나의 예술작품처럼 바라보고 그 작품의 작가로 살아가는 경험은, 우리에게 강력한 주체성과 깊은 만족을 안겨준다.

이처럼 기록은, 주어진 환경과 지나간 과거라는 삶의 제약 속에서도, 나만의 길을 내고자 하는 의지의 가장 구체적인 표현이다. 글쓰기는 단지 정보를 전달하는 수단만이 아니다. 자신을 이해하고, 변화시키고, 마침내 해방시키는 가장 강력한 실천이다. 마치 건축가가 설계도를 그리듯, 우리는 글쓰기를 통해 내면의 구조를 새롭게 구상하고 자신만의 견고하고 아름다운 자아를 세워나갈 수 있다.

실천적 성찰

내 삶의 저자가 되기 위한 질문들
과거-현재-미래를 잇는 서사 쓰기

기록은 과거의 파편적인 경험들을 현재의 깨달음으로 연결하고 미래의 가능성을 여는 창조적인 행위다. 기록학에서 가장 중요한 일 중 하나는, 흩어진 기록물을 정리해 그 의미와 맥락을 설명하는 '기술description' 작업이다. 수많은 기록 속에서 핵심적인 줄기를 찾아내고, 그것이 어떤 이야기를 담고 있는지 서술하는 해제解題를 쓰는 것과 같다. 이번 실천은 당신의 삶이라는 기록물 묶음에 대한 해제를 직접 쓰는 작업이다. 단순히 사건을 나열하는 것을 넘어, 각 기록의 의미를 해석하고, 기록들 사이의 패턴을 발견하며, 이 기록물 전체가 어떤 이야기를 향해 가고 있는지를 밝히는, 고도로 전문적인 아키비스트의 역할이다.

시간 단위별로 각 단위의 시간이 끝나는 시점(밤, 주말, 월말, 연말)에 잠시 멈춰 아래 질문들에 답하며 자기 서사를 기록해보자.

1. 하루의 기록: 사건을 감각으로 남기기

- ☐ 오늘 나의 마음을 가장 크게 움직인 사건이나 감정은 무엇이었나?
- ☐ 오늘 내가 한 작은 선택 하나와 그 이유는 무엇이었는가?
- ☐ 오늘의 경험을 통해 내가 새롭게 알게 된 '나'의 모습은 무엇인가?

2. 한 주의 기록: 경험의 패턴 발견하기

- ☐ 이번 주에 나의 감정과 생각에서 반복적으로 나타난 주제나 패턴은 무

엇이었나?
- □ 이번 주에 내가 가장 많이 에너지를 쏟은 것은 무엇이며, 그것은 나의 가치와 어떻게 연결되는가?
- □ 일주일 전의 나와 지금의 나는 어떻게 달라졌나? 아주 작은 변화라도 좋다.

3. 한 달의 기록: 삶의 전환점 포착하기
   - □ 지난 한 달을 대표하는 한 장면을 꼽는다면? 그 이유는 무엇인가?
   - □ 지난 한 달 동안 나의 삶에 가장 큰 영향을 미친 사람, 책, 사건은 무엇이었나?
   - □ 한 달 전에는 불가능하다고 생각했지만 지금은 가능하게 된 것이 있는가?

4. 한 해의 기록: 나의 역사 한 페이지 쓰기
   - □ 올 한 해 나의 삶을 관통하는 가장 중요한 키워드나 질문은 무엇이었나?
   - □ 과거에는 '실패'나 '상처'라고 생각했지만, 올 한 해를 통해 새로운 의미를 갖게 된 경험이 있는가? (발터 벤야민의 '메시아적 시간'처럼)
   - □ 올 한 해의 경험을 바탕으로, 내년 나의 서사는 어떤 방향으로 나아가기를 바라는가?

5. 이 질문들에 대한 답이 쌓일 때, 나의 삶이라는 책은 어떤 장르의 이야기가 되어가고 있는가? (성장 드라마, 모험 소설, 치유 에세이 등)

6. 내가 직접 쓰는 내 삶의 다음 챕터 제목은 무엇인가?

⑭
생각이 나를 지배할 때

생각의 자동항해를 멈추는 의식적인 연습

　기록을 통해 내 삶의 서사를 쓸 수 있는 저자가 되었다. 이제 그 서사를 매일 자유롭게 써내려갈 '생각의 힘'을 기를 차례. 우리의 자유를 가로막는 최후의 관문은, 내면에 습관처럼 굳은 '부자유한 사고방식'이다. 이 장에서는 그 생각의 창살을 부수고, 어떤 상황에서도 가능성을 찾아내는 '자유하는 뇌'를 만들기 위한 구체적인 사고의 틀과 실천 도구를 제시한다.

　인간의 행동은 생각, 감정, 행위로 이어지는 복합 구조 속에서 형성된다. 외부 자극이 아무리 강렬해도, 그것을 어떻게 해석하느냐에 따라 우리의 감정과 행동, 나아가 자유의 방향이 결정된다. 같은 상황에서도 어떤 사람은 기회를 발견하고 나아가지만, 다른 사람은 절망에 갇혀 주저앉는다.

시련 앞에서 "이건 나에게 주어진 기회야"라고 해석하는 이와 "역시 나는 안 돼"라고 여기는 이는 전혀 다른 인생을 걷는다. 이렇듯 우리의 자유를 가로막는 것은 외부 조건이 아니라 내면에 뿌리내린 해석의 틀, 즉 사고의 습관이다.

이 사고 구조가 반복적으로 '부자유감'을 만들어낸다. 환경이 아무리 바뀌어도 사고가 갇혀 있는 한 우리는 해방을 경험할 수 없다. 마치 문이 열려 있음에도 스스로 자물쇠를 채운 채 갇혀 있다고 믿는 것과 같다.

그렇다면 부자유를 만드는 사고의 습관은 어떻게 깨야 할까? 문제는 능력 부족이 아니라 '생각의 자동화'에 있음을 먼저 인식해야 한다. 무능해서가 아니라, 사고가 익숙한 경로를 따라 기계적으로 흘러가기 때문에 갇힌다는 뜻이다.

예를 들어 아이와 아내, 그리고 자신의 성숙을 위해 육아휴직을 결심한 아빠의 머릿속을 들여다보자. 처음의 숭고한 결심은 금세 온갖 '안 되는 이유'의 파도에 휩쓸린다. "당장 월급이 끊기면 대출 이자는?" "나 없이 회사가 잘 돌아갈까? 내 자리가 없어지진 않을까?" "남자가 육아휴직을 쓴다고 하면 주변에서 뭐라고 할까?" "쉬는 동안 나만 뒤처지는 기분이 들 텐데, 과연 버틸 수 있을까?" 이 모든 걱정은 현실적 제약처럼 보이지만, 실은 '나는 할 수 없다'는 기계적 사고가 만든 거대한 벽이다. 이 벽을 깨뜨리는 것이 바로 자유를 향한 실행 가능성 프레임 전환의 시작이다.

돈을 벌어야 하는 현실에 프레임 전환 기술을 적용해보자. '50만 원 벌기'라는 목표가 생겼다면, "나는 못 벌어"라고 단정하는 대신 "어떤 아이템을 기획해서 어떻게 유통하고 마케팅할까?"라고 프레임을 전환한다. 자신의 재능으로 공예품을 만들어 온라인으로 판매하거나, 이웃을 위한 심부름 서비스를 구상할 수도 있다. 즉, **추상적인 불가능에서 구체적인 가능성으로 시선을 옮기는 것이다.** 이때 실행 가능한 계획을 떠올리는 연습이 중요하다.

강연 준비가 막막하게 느껴질 때도 프레임 전환 기술은 빛을 발한다. "내가 강연을 할 수 있을까?"라는 막연한 질문 대신 "어떤 내용으로 구성하고, 기획서는 어떻게 짜며, 파일럿 발표는 어디서 해볼까?"처럼 잘게 쪼개 사고하면 실행 가능성이 훨씬 높아진다. 오랫동안 꿈꿔온 여행 또한 '목표 비용 산정', '달성 전략', '숙소 예약' 같은 세부 단계로 나누면 막연한 꿈이 현실의 계획으로 전환된다.

자유를 가로막는 것은 현실의 장애물이 아니라, 자동화된 사고 구조다. 이를 의식적으로 인식하고 벗어나는 것, 바로 그 지점이 자유의 첫걸음이다.

부자유를 만드는 습관적 사고에는 몇 가지 뿌리 깊은 원인이 있다. 첫째, '부정적 예측'이다. 신경과학에 따르면, 인간의 뇌는 위험을 감지하고 회피하도록 설계되었다. 특히 편도체는 위협 상황에서 과도하게 활성화되어, 실제보다 더 큰 위험을 상상하고 불필요한 불안에 우리를 가둔다. 이런 부정적 예측은 미래에 대한 막연한 두려움을 증폭시키며 새로운 도전을 망설이게 한다.

둘째, '후회 중심 사고'다. 심리학자 수전 놀렌혹스마 Susan Nolen-Hoeksema, 1959~2013는 반추 rumination 이론으로 이 경향을 설명했다. 과거의 실수나 불완전했던 선택을 끊임없이 되짚으며 후회하는 것이다. 반추는 뇌의 기본 모드 네트워크 default mode network, DMN를 과도하게 활성화시켜, 우리를 부정적 감정의 늪에 빠뜨린다. 이는 현재를 살아갈 에너지를 갉아먹는 정서적 독이 된다.

셋째, '익숙함에 대한 집착'이다. 뇌는 예측 가능한 환경을 선호하며, 변화에 저항하는 회로가 작동한다. 이는 새로운 시도 앞에서 본능적으로 두려움을 느끼고, 익숙한 부자유 속에 머물게 하는 강한 심리적 관성으로 작용한다.

이런 부자유한 사고의 근원을 극복하기 위한 실천 전략은 '인지 재구성 cognitive restructuring'에서 찾을 수 있다. 이는 인지행동치료 cognitive behavioral therapy, CBT의 핵심 기법이다. 인지 재구성이란 자동적으로 떠오르는 사고를 포착하고 그것이 왜 곡되었는지 검토한 뒤, 더 합리적이고 생산적인 대체 사고를 형성하는 과정이다. 예를 들어, "나는 실패할 거야"라는 자동 사고를 **"실패가 정말 최악의 결과인가?", "그 실패를 통해 나는 무엇을 배울 수 있을까?"**라는 열린 질문으로 전환하는 것이다.

사고 전환 기술은 이런 재해석 훈련을 통해 단련된다. '실패'를 '시도 경험'으로, '문제'를 '해결 과제'로 바꿔 생각하는 연습이다. '결론 짓기 사고'의 습관에서 벗어나 '열린 질문 사고'로 전환하는 것도 중요하다. "나는 왜 이럴 수밖에 없는가?"라는 닫힌 질문 대신 **"나는 어떻게 하면 더 나은 결과를 만들 수 있을까?"**라고 묻는 것이다. 이런 사고의 유연성이야말로 뇌를 자유롭게 하는 강력한 열쇠가 된다.

예를 들어 '운동을 꾸준히 하겠다'거나 '매일 새벽에 일어나겠다'는 결심을 한 사람이 사흘 만에 흐지부지되었을 때, 우리의 자동화된 사고는 속삭인다. "역시 난 작심삼일이야." "나는 의지가 약해." 하지만 이 역시 반복 학습된 사고 습관일 뿐이다. 중요한 건 '작심삼일'이라는 낙인을 찍는 것이 아니라, 실패 이유를 구체적으로 다시 바라보는 것이다. "수면 시간이 부족했나?", "일정이 너무 빡빡했나?", "지나치게 높은 목표를 세웠나?" 같은 열린 질문은 실행 실패를 성찰의 자원으로 바꾼다. 이렇게 사고의 프레임이 "나는 안 돼"에서 "어떻게 다시 시도할까?"로 전환될 때, 우리는 마침내 생각의 창살에서 한 걸음 벗어난다.

이런 사고의 전환을 매번 의식적으로 시도하기는 벅찰 수 있다. 그래서 우리에게는 생각의 왜곡을 막고, 자유로운 사고를 일상적으로 돕는 나만의 '사고 틀'이 필요하다. 자유로운 뇌를 위한 가장 강력한 도구 중 하나는 생각을 정리하고 구조화하는 기술이다.

나는 이 개념을 《마인드 박스》에서 소개했다. 마인드 박스mind box란 삶을 구성하는 주요 주제 16개를 네 축으로 나눠, 사고의 중심점을 스스로 정립하고 복잡한 생각을 명료하게 정돈하도록 돕는 도구다. 이는 혼란스러운 내면의 지도를 또렷이 그려, 삶을 주도하는 법을 안내한다.

첫 번째 축은 '진짜 나 발견하기'다. 여기에는 욕망, 경쟁, 소비, 잠재성, 꿈과 돈이라는 주제가 포함된다. 이 영역을 통해 무엇이 나를 움직이는지, 타인의 기대가 아닌 나 자신의 욕망은 무엇인지 성찰한다.

두 번째 축은 '주관자적 삶 훈련'이다. 시간, 일, 주체성, 그릿grit이라는 주제를 통해 내가 어떻게 시간을 통제하고, 일에 의미를 부여하며, 주체성을 강화해 삶을 능동적으로 이끌어갈지 방향을 모색한다. 이 축은 매 순간 삶을 실천하는 역량을 키운다.

세 번째 축은 '자기 확립 균형'이다. 실리와 명분, 이성과 감성, 육체와 정신, 객관과 주관이라는 상반된 가치들 사이에서 나만의 균형점을 찾아가는 과정이다. 어느 한쪽에 치우치지 않고 다양한 가치를 조화롭게 수용하는 유연한 사고를 훈련하는 이 축은, 흔들림 없는 내면의 중심을 세우는 데 기여한다.

네 번째 축은 '홀로서기와 더불어 살기'다. 다양성, 가족, 이타성이라는 주제를 통해 진정한 홀로서기가 어떻게 타인과의 건강한 관계 속에서 완성되는지 탐색한다. 이 축은 개인의 독립성과 공동체적 유대를 조화롭게 성취하는 기반이 된다.

이렇게 마인드 박스라는 구조 안에서 우리는 자신의 인생관과 가치관, 사고의 중심축을 스스로 정립할 수 있다. 그 효과는 실로 놀랍다. **삶의 기준이 외부의 시선이나 사회의 통념이 아니라 내면의 확고한 원칙으로 수렴된다.** 사고의 혼란과 우유부단함에서 벗어나 명확한 판단의 척도를 갖게 된다. 무엇보다도 '자기 설명self-explanation 가능성'이 회복된다. 이는 자신의 생각과 행동을 논리적으로 설명하고 스스로 납득하는 능력이며, 자율성의 핵심이다.

마인드 박스는 복잡한 내면을 정리하고 나만의 자유를 위한 지도를 그리는 강력한 도구다. 이 지도가 있다면, 미지의 여정에 대한 두려움이 한결 가벼워질 것이다.

하지만 아무리 정교한 지도를 손에 쥐어도, 현관문을 열고 첫걸음을 내딛지 않으면 아무 소용이 없다. 많은 사람이 '생각'과 '계획' 단계에는 익숙하지만, 그것을 '실천'으로 옮기는 마지막 문턱에서 주저하고 좌절한다. 그렇다면 어떻게 이 생각의 지도를 현실의 발걸음으로 바꿀 수 있을까?

우리는 흔히 실천을 의지의 문제로 여긴다. 하지만 실천은 실행 가능성을 설계하는 사고 구조에서 비롯된다. 소련 출신 심리학자 세르게이 루빈시테인 Sergei L. Rubinstein, 1889~1960 의 '목표 달성 도식화 이론'은 실천이 단순한 실행이 아닌, 잘 설계된 계획과 반복의 산물임을 보여준다. 이는 마치 요리의 레시피와 같다. '맛있는 김치찌개를 만들겠다'는 의지만으로는 부족하다. '재료 준비 → 재료 볶기 → 육수 붓고 끓이기'처럼 목표에 이르는 과정을 구체적인 단계로 나누고 도식화해야 성공적인 결과에 이를 수 있다. 루빈시테인은 목표 달성을 위해서는 추상적인 의지보다 구체적인 계획과 단계 설정이 필수적이라고 보았다.

계획은 종종 통제나 강제력으로 오해된다. 촘촘한 일정표는 때로 숨 막히게 느껴질 수 있다. 하지만 진정한 계획은 삶의 가치와 행동을 일치시키는 방향 설정의 도구다. 그것은 삶을 옥죄는 족쇄가 아니라 자유를 향한 길잡이다.

기록은 이런 전략적 실천을 가능하게 하는 핵심 도구다. 구상기록(목적, 핵심 성공 요인, 실행 경로, 기대 결과물)의 과정을 거치면 실행률이 비약적으로 높아진다. 막연했던 목표가 손에 잡히는 구체적인 단계로 쪼개지고, 각 단계에서 필요한 자원과 예상 결과가 명확해지기 때문이다.

하루의 계획을 세우고, 루틴을 조율하며, 장기 프로젝트를 구성하는 모든 과정은 전략적인 반복과 조정의 결과물이다. 기록은 그 과정에서 내가 어디로 가고 무엇을 해야 할지 분명히 알려준다. 이처럼 **전략적 실천은 의지의 문제가 아니라 잘 설계된 '계획 – 실행 – 피드백'의 순환 구조에서 시작된다.** 업무에서 기록을 잘하는 사람은 단순히 일을 잘하는 수준을 넘어, 업무 흐름을 스스로 설계하고 최적화하는 능력을 발휘한다. 이는 곧 실행력 상승으로 이어진다.

나는 이런 기록의 힘을 확신하며 '이룸 다이어리'를 개발해 보급했다. 처음엔 작은 시도였지만, 지난 3년간 5만 부 이상 확산되며 많은 사람의 삶을 바꾸는 계기가 되었다. 매일 계획과 한 줄 기록에 각각 한 쪽, 자유로운 메모에 네 쪽씩 총 여섯 쪽을 쓴다. 여기에 주간 기록, 월간 인생 지도 그리기, 성찰과 계획, 루틴 설계 등 10여 쪽의 기록을 더해, 매달 200여 쪽의 다이어리를 완성하는 시스템이다.

사용자들의 피드백은 놀라웠다. 기록을 통해 인지 명료성이 높아지고, 막연했던 목표의 실행력이 강화되었으며, 복잡했던 감정이 정돈되고 자기 이해가 깊어졌다는 경험담이 이어졌다. 이는 '누적 – 창의 – 전략'이라는 세 가지 핵심 요소가 결합될 때, 기록이 단순한 도구를 넘어 삶을 스스로 설계하는 강력한 도구로 작동함을 보여준다.

자유는 이처럼 머릿속 생각이나 먼 미래의 꿈이 아니라, 매일 조금씩 행동으로 쌓아올리는 삶의 태도다. 이를 위해 인생의 과제를 체계적으로 기록하거나, 다이어리에 '자유를 위한 계획 – 실행 – 리뷰'를 적는 습관을 들일 수 있다. 짧은 시간이라도 혼자만의 여행을 시도하거나, 출근길에 스치는 낯선 이들의 존재를 의식적으로 바라보는 일도 도움이 된다. 그렇게 작고 반복적인 시도들이 쌓여 자유로운 일상의 습관이 완성된다.

실천적 성찰

나의 첫 '마인드 박스' 만들기
나만의 인생관을 세우는 16가지 기준점

삶의 모든 선택 앞에서 흔들리지 않는 나만의 인생관을 만드는 과정이다. 기록학자는 방대한 기록물을 정리하기에 앞서, 어떤 기준과 원칙으로 기록을 분류하고 배치할 것인지에 대한 '분류 체계'를 먼저 설계한다. 이 체계가 얼마나 논리적이고 일관적인가에 따라 아카이브의 질이 결정된다. 마인드 박스는 바로 내 삶의 모든 생각과 경험이라는 기록을 담아낼 '나만의 분류 체계'를 만드는 작업이다.

예를 들어 '소비'라는 주제에 대해, 나의 마인드 박스는 ① 이것은 나의 진정한 욕망인가?(본래성), ② 나의 경제 수준에 적합한가?(효율성), ③ 환경에 미치는 영향은 어떤가?(환경성) 등 세 가지 기준점으로 구성된다. 이처럼 자신만의 판단 원칙을 세우는 것은, 외부의 혼란스러운 정보 속에서도 이정표를 잃지 않도록 내면의 질서를 확립하는, 아키비스트의 가장 핵심적인 역량이다.

1축 진짜 나 발견하기	2축 주관자적 삶 훈련
• 욕망　• 경쟁　• 소비 • 잠재성　• 꿈과 돈	• 시간　• 일　• 주체성　• 그릇
3축 자기 확립 균형	**4축 홀로서기와 더불어 살기**
• 실리와 명분　• 이성과 감성 • 육체와 정신　• 객관과 주관	• 다양성　• 가족　• 이타성

1. 16개 마인드 박스 주제에 대해 나만의 생각 패턴, 즉 '나다운 판단 원칙' 2~3가지를 키워드로 자유롭게 기록해보자.
   - ☐ 욕망: 순수한 내적 욕망과 타인의 욕망, 존재적 욕망과 소유적 욕망 등.
   - ☐ 시간: 시간에 쫓기는 삶과 시간을 관리하는 삶, 물리적 시간과 주관적 시간, 기록을 통해 과거와 미래를 현재화하기 등.
   - ☐ 실리와 명분: 단기적 실리와 장기적 이익, 수단 방법을 가리지 않는 성과 창출과 과정의 정당함을 중시한 단계적 성장, 명분에 의한 자기 존중감과 내적 동력 등.
   - ☐ 가족: 가족을 위한 헌신과 가족 이기주의, 양육과 지배, 홀로서기를 위한 개인 역량 키우기 등.

2. 이 16개 마인드 박스 주제는 나의 '인생관 설명서' 초안이다. 이 기준들이 실제 나의 삶 속 선택들과 일치하는가?

3. 앞으로의 경험을 통해 이 원칙들을 계속해서 수정하고 발전시켜 나가며 나만의 견고한 '생각의 집'을 완성해보자.

   '일'이라는 마인드 박스 주제에 나는 '타인에게 기여하고(이타성), 스스로 성장하며(성장성), 새로운 것을 시도하는(도전성) 활동'이라는 원칙을 세웠다. 하지만 나의 현재 직장생활을 돌아보니, 실제 나의 선택은 '안정적인 월급(안정성)'과 '익숙함'이라는 기준에 훨씬 크게 좌우되고 있었다. 내가 세운 원칙과 실제 삶 사이에 큰 불일치가 있음을 깨달았다.
   따라서 앞으로 3개월 동안, 이 불일치를 줄이기 위한 작은 실험을 시작하려 한다. 현재의 안정적인 일은 유지하되, 주말 시간의 일부를 활용해 나의 '성장성'과 '도전성' 원칙을 만족시키는 작은 프로젝트(소외된 이웃을 위한 교육 봉사, 나의 업무 지식을 나누는 블로그 개설 등)를 시작해볼 것이다. 이 경험을 통해 나의 원칙이 현실에서 어떻게 작동하는지 검증하고, 점차 나의 '생각의 집'을 실제 삶과 일치시켜 나갈 것이다.

⑮ 홀로 선 개인은 어디로 가야 하는가

완전한 자유는 따뜻한 연대 속에 있다

우리는 마침내 나를 관찰하고 기록하며 나만의 인생을 설계하고 실천하는 내면의 힘을 얻었다. 그렇다면 이 단단해진 개인의 자유는 어디로 향해야 하는가? 이 장에서는 자유의 최종 목적지가 고립된 개인이 아니라, 오히려 타인과 연결되고 공동체에 기여하는 '이타적 개인주의'에 있음을 이야기한다. 우리의 자유가 어떻게 연대 속에서 더욱 확장되고 완성되는지, 그 마지막 풍경을 함께 그려보자.

흔히 자유를 구속이나 제약이 없는 상태, 혹은 타인에게서 완전히 독립된 고립의 영역으로 오해한다. 그러나 진정한 자유는 결코 홀로 존재하지 않는다. 오히려 더 큰 차원의 자유는 타인과의 관계 속에서, 공동체 안에서 비로소 피어난다. 이는 삶과 인간을 탐구하며 얻은 값진 깨달음이자, 이 책이 전하고자 하는 궁극적인 메시지이기도 하다. 당신이 정말 '어른의 자유'라는 이정표를 향해 나아가려 한다면, 이 마지막 장에서 제시하는 자유의 본질에 귀 기울여야 한다.

최근 진화생물학은 흥미로운 통찰을 제시한다. 브라이언 헤어Brian Hare, 1976~ 와 버네사 우즈Vanessa Woods, 1977~ 는 저서 《다정한 것이 살아남는다》*에서, 인류가 지구상에서 가장 번성할 수 있었던 이유는 협력과 우정에 기반한 '다정함' 때문이라고 역설한다. '적자생존'이라는 냉혹한 원리 뒤에 숨은 또 다른 진실, 즉 서로를 돕고 배려하는 이타적 본성이야말로 인류 진화의 핵심 유산이라는 점을 감동적으로 풀어낸다.

이들의 연구는 경쟁과 생존의 논리만을 강요하는 현대 사회를 넘어, 훨씬 근원적인 인간 본성의 실마리를 제공한다. 다정함은 인간에게만 국한된 것이 아니다. 동물의 세계에서도 무리를 위해 희생하거나 서로를 보호하는 이타적

- 브라이언 헤어·버네사 우즈, 《다정한 것이 살아남는다》, 디플롯. 진화의 결과는 이기적인 것이 아니라 오히려 다정한 것일지 모른다는 문제제기를 한다. 접촉과 교류, 그리고 친화력이 결국 우리의 본성에 가깝다는 사실을 과학적으로 밝히고 있다. 삶의 지향을 설정하는 데 있어서 빼놓을 수 없는 필독서다.

행위가 흔히 관찰된다. '이타성'은 인간만의 고유한 미덕이 아니라, 생존을 위한 보편적이고 효율적인 전략이라는 것이다.

시선을 자연으로 확장해보자. 흙 한 줌, 물 한 방울에도 생명이 깃들어 있음을 우리는 안다. 인도의 라다크 마을 주민들은 경작 전에 땅을 가만히 두드리며 토양 속 미생물에게 신호를 보낸다고 한다. 그들에게 땅을 일구고 곡식을 심는 것은 인간의 이익만을 위한 행위가 아니다. 그 안에는 땅에 깃든 모든 생명과 공존하려는 염원과 '다정한 생태계'의 지혜가 담겨 있다. 자연은 서로 최소한의 먹이사슬로 연결되어 유기적으로 살아간다. 어쩌면 모든 생명체는 본래 서로에게 다정한 존재인지도 모른다.

우리는 자연의 거대한 흐름 속에서 개별적 존재로 살아가지만, 동시에 그 흐름의 일부로서 끊임없이 타자와 상호작용하고 영향을 주고받는다. 이는 마치 광활한 우주 속 수많은 별이 저마다의 궤도를 돌면서도 서로의 중력에 이끌려 하나의 은하계를 이루는 것과 같다.

비슷한 맥락에서, 프랑스 드 발Frans de Waal, 1948~2024은 《공감의 시대》*에서 인간이 본성적으로 이기적이지 않다고 말한다. 오히려 공감 능력과 협력 본능이 인간 진화의 핵심임을 다양한 동물 실험과 사례를 통해 입증한다. 그는 보노보와

침팬지, 코끼리 등 사회적 동물들이 서로를 위로하고 도우며 고통을 나누는 모습을 관찰한다. 그리고 공감은 단지 감성적 교류가 아닌 '생존을 위한 전략적 감각'임을 강조한다. 이처럼 타인의 감정을 인지하고 반응하는 능력이 인간만의 특별한 재능이 아니며, 생명을 가진 존재들이 생존과 번영을 위해 진화시켜온 본성이라는 사실은 시사하는 바가 크다. 연대와 이타성은 선택의 문제가 아니라 생명다움 그 자체에 가깝다.

그러나 현대 사회는 어떤가? 우리는 과도한 경쟁과 효율성을 추구하는 과학의 지배 아래, 본래 지녔던 이타적 본성을 점차 잊어간다. 이기심이 곧 경쟁력이라는 착각, 타인과의 연결을 끊어야만 자유를 얻는다는 오해 속에서 살아간다. 고립된 개인주의가 마치 자유의 상징인 양 찬양받는 시대다. 이런 오해는 우리가 지난 장들에서 하나씩 걷어낸 수많은 껍질의 근원이기도 하다. 그 껍질들은 우리를 세상과 단절시키고 스스로를 외로운 섬처럼 느끼게 만들었다.

자유는 홀로 빛나지 않는다. **타인과 연결되고 그들에게 다**

- 프란스 드 발, 《공감의 시대》, 김영사. 영장류를 비롯해 포유류와 조류 등 다양한 동물의 사회적 행동 연구를 통해, 공감이 진화적으로 깊이 뿌리내린 본능이자 생존과 번영을 위한 자연선택의 산물임을 설득력 있게 입증하는 책이다.

정한 손길을 내밀 때 자유는 비로소 빛을 발한다. 프롤로그에서 이야기한 '진정한 어른의 자유'도 바로 여기에 있다. 개인이 온전히 자신으로 서는 동시에, 그 존재가 타인과의 관계 속에서 의미를 발견하고 확장되는 것, 그것이 '이타적 개인주의'의 시작이다. 고독한 자유를 넘어, 더 넓고 풍요로운 자유의 지평을 함께 열어갈 때다.

나는 몇 년 전부터 '아이캔대학'이라는 교육 공동체를 운영해오고 있다. 지식을 전달하고 공유하는 공간인 동시에, 모든 구성원이 서로를 응원하며 다양한 역량을 함께 키워가는 실험의 장이다. 아이캔대학은 삶의 자유를 실현하는 데 필요한 역량을 함께 기르는 데 중점을 둔다. 개인이 가진 잠재력을 최대한 발휘하면서 공동체 전체의 성장을 도모하는 것을 목표로 한다. 서로의 경험을 나누고, 어려움에 처했을 때 지지하며, 함께 새로운 도전에 나서는 이 과정 자체가 중요한 역량 개발의 터전이 된다.

아이캔대학 학장으로 활동하면서 나는 가르치는 위치에 있었지만, 실제로는 학생들에게서 더 많은 것을 배웠다. 특히 기억에 남는 것은 학생들이 자율적으로 운영한 소모임 활동이다. 이들은 학습 과정에서 자연스럽게 모임을 결성하고 시간과 자료를 공유하며 함께 글을 쓰고 토론했다. 겉으로 보기에는 정해진 시간에 참여하고 과제를 수행하는 일이 일종의 숙제처럼 보일 수 있다. 그러나 의외로 많은 학생이 그 안에서 '자유와 행복감'을 느꼈다고 말했다. 제약된 조건 속에서도 스스로 선택하고 타인과 관계 맺는 과정에서 오는 주체적 만족감이 얼마나 깊은 해방감을 안겨주는지 보여주는 사례다.

특히 매일 아침 정해진 시간에 모여 각자의 루틴을 수행하고 공유하는 '아이캔 모닝 루틴' 소모임이 인상 깊다. 언뜻 보기에 매일 아침 같은 시간에 일어나야 한다는 제약은 자유와 거리가 멀어 보인다. 한번은 내가 그 모임의 한 참여자에게 물었다. "매일 아침 그 시간에 일어나는 게 힘들지 않으세요? 속박처럼 느껴질 수도 있을 텐데요." 그녀는 웃으며 답했다.

"혼자서는 절대 못했을 거예요. 그런데 약속된 시간에 줌Zoom을 켜면, 이미 각자의 자리에서 묵묵히 책을 읽고 글을 쓰는 다른 분들의 모습이 보여요. 그 모습이 저를 깨우고, 저도 제 할 일을 하게 만들죠. 이건 속박이 아니라, 서로의 의지를 깨워주는 가장 다정한 연대예요."

그녀의 말은 자유에 대한 우리의 통념을 깨뜨린다. 자유는 모든 제약이 사라진 상태가 아니라, 기꺼이 받아들인 '건강한 제약' 속에서 타인과의 연대를 통해 더 큰 의지를 발휘하는 주체적인 경험이라는 사실을 일깨워준다. 그들은 정해진 시간이라는 규칙 안에서 오히려 혼자서는 결코 얻지 못했을 실행의 자유, 함께 성장하는 연대의 자유를 만끽하고 있었다.

  아이캔대학 학생들이 작성한 '인생 지도'의 목표들을 살펴보면, 대부분이 이타적인 삶을 지향하고 있다. 단지 개인의 성장에 머물지 않고, 공동체에 보탬이 되고 싶다는 의지를 담고 있다. 이는 인간이 본질적으로 사회적 존재이며, 타인과의 관계 속에서 삶의 의미를 발견하고자 한다는 사실을 다시금 깨닫게 해준다.

  이타적 행동이 개인의 행복을 이끌고 삶에 의미를 부여한다면, 이런 이타성이 꽃필 수 있는 토양은 무엇일까? 바로 공동체 감각이다. 기시미 이치로 岸見一郎, 1956~ 의 책 《미움받을 용기》는 대중에게 큰 반향을 일으켰지만, 많은 독자가 그 핵심 메시지를 놓치곤 한다. '미움받을 용기'는 타인의 시선에서 벗어나는 것을 넘어 공동체 감각을 지향한다. 이는 자기 수용, 타인 신뢰, 타자 공헌이라는 아들러 심리학의 세 가지 핵심 개념을 아우르는 최종 목표다. 핵심적이지만 난해한 이 개념을 많은 사람이 깨닫지 못한 채 책장을 덮는다. 그러나 공동체 감각이야말로 자유를 누리는 인간이 세상과 연결되는 방식이다.

　이 개념은 이반 일리치가 강조한 '적정 규모의 공동체'와도 맞닿아 있다. 일리치는 거대하고 획일화된 시스템 속에서 개인이 소외되고 무력해진다고 보았다. 익명성에 매몰되고 통제의 대상이 되는 거대 조직은, 효율성을 명분 삼아 개인의 자율성과 관계성을 훼손한다. 반면 서로의 존재를 인지하고 자율적인 관계를 맺을 수 있는 적정 규모의 공동체 안에서는 인간적인 교류와 연대감이 피어난다.

　'아이캔 모닝 루틴'처럼 **서로의 노력을 직접 느끼고 영향을 주고받을 수 있는 작은 규모의 관계망이야말로, 이타적 개인주의자가 뿌리내릴 수 있는 가장 건강한 토양이다.** 이런 공동체는 개인이 자신의 개성을 잃지 않으면서도, 타인과의 연결을 통해 삶의 의미를 확장하는 공간이 된다. 마치 숲속의 작은 생명체들이 서로 의존하며 숲 전체의 생명력을 유지하듯, 적정 규모의 공동체는 개인의 자유와 삶의 활력을 지탱하는 기반이 된다.

　이 공동체 감각을 표현할 때 나는 강물 위 반짝이는 '윤슬'을 떠올린다. 한 사람 한 사람은 윤슬의 물결 하나하나와 같다. 우리는 저마다의 빛을 발하며 독립적으로 존재한다. 하지만 그 빛나는 물결들은 흐르는 강물이 되어 장엄하게 앞으로 나아간다. 비슷해 보이지만 결코 같지 않은, 각자의 고유한 빛을 발하는 수많은 윤슬이 모여 거대한 흐름을 만드는 모습. 이것이야말로 공동체 감각으로 살아가는 우리를 가장 잘 표현하는 장면이다. 강물은 하나의 방향으로 흐르지만 그 안의 윤슬이 제 빛을 잃지 않듯, 공동체 속에서도 개인의 존엄성은 온전히 보존된다.

윤슬의 물결 하나하나가 빛나는 것처럼, 우리 각자의 존엄성도 저마다의 방식으로 빛나고 있다. 그리고 이 존엄한 존재들이 발하는 기운을 느끼며 살아가는 것이 바로 공동체 감각이다. 공동체 감각이 논리가 아니라 온몸으로 느껴지는 '감각'인 이유가 여기에 있다. 그것은 차가운 이성과 분석으로는 담아낼 수 없는, 살아 있는 에너지의 교류다.

출근길에 스쳐지나가는 수많은 사람을 떠올려보라. 우리는 그들을 그저 익명의 존재로 여기기 쉽지만, 사실 그들은 모두 서로에게 힘을 발하는 존재들이다. 그들의 움직임, 존재 자체가 만드는 힘의 합력으로 우리는 이 사회를 살아간다. 현대 사회는 지나치게 속도가 빨라 이런 섬세한 감각을 느끼기 어렵다. 그러나 훈련한다면, 언제 어디서든 이 살아 있는 공동체 감각을 느낄 수 있다.

그러니 오늘부터, 아니 지금 이 순간부터, 당신의 삶을 이타적 개인주의자로서 당당한 친절로 대하라. 당신의 내면에서 우러나오는 그 친절이 당신을 더욱 단단하고 자유롭게 해줄 것이다. 그리고 이 모든 깨달음과 실천 속에서, 당신은 비로소 현재를 춤추듯이 살아갈 것이다. 이 춤은 타인의 시선에 얽매이지 않는 당신만의 고유한 리듬이자, 세상과 조화롭게 어우러지는 자유로운 움직임이다. 삶의 모든 순간이 바로 당신이 펼치는 예술적인 춤이 될 것이다.

어른의 자유, 당신의 삶이 바로 그 자유의 춤이 되기를 바란다.

실천적 성찰

나를 세우고 세상과 연결하는 '모닝 저널' 쓰기
이타적 개인주의자의 아침 습관

모닝 저널morning journal은 이 모든 것을 아침의 짧은 기록으로 실현하는 이타적 개인주의자다운 습관이다. 기록학에서 모든 기록물은 그것이 만들어진 '생산 맥락'과 함께 보존될 때 비로소 완전한 가치를 지닌다. 생산자의 의도, 당시의 상황, 다른 기록과의 관계 등이 담긴 맥락 정보가 없다면, 기록은 생명력을 잃은 파편에 불과하다. 모닝 저널은 바로 당신의 삶이라는 거대한 아카이브에 매일 아침 생산 맥락을 불어넣는 작업이다. 오늘 하루라는 기록물이 어떤 의도와 계획 속에서 시작되는지 스스로에게 각인시키는 행위이기 때문이다. 이 아침의 짧은 기록은 당신을 하루의 수동적인 경험자에서, 하루의 의미와 방향을 설계하는 능동적인 '수석 아키비스트'로 변화시킨다. 하루 15분, 펜과 노트를 통해 오늘 하루를 가장 의미 있는 시간으로 만들어보자.

1. 오늘의 나를 위한 계획 세우기: 주체적 삶 설계

- ☐ 오늘의 핵심 목표CSF 한 가지: 오늘 다른 것은 다 못하더라도, 이것만큼은 반드시 해내고 싶은 가장 중요한 목표 하나를 기록한다.
- ☐ 구체적인 실행 계획to-do list 세 가지: 핵심 목표를 달성하기 위해, 혹은 오늘 꼭 해야 할 일 세 가지를 구체적인 행동 단위로 기록한다.
- ☐ 나를 돌보는 일 한 가지: 아무리 바쁘더라도 오늘 나 자신을 위해 투자할 15분 이상의 시간(독서, 산책, 명상 등)을 계획하고 기록한다.

2. 세상을 향한 다짐 기록하기: 공동체 감각 훈련
   - ☐ 감사한 존재 떠올리기: 지금의 나를 있게 해준 고마운 사람이나 존재 (가족, 친구, 멘토, 반려견 등)를 한 명 떠올리고, 그에게 감사한 이유를 한 문장으로 기록한다.
   - ☐ '다정한 실천' 계획하기: 오늘 하루 동안, 내가 만나는 타인이나 공동체를 위해 실천할 아주 작은 '다정한' 행동 하나를 구체적으로 계획하고 기록한다.

3. 자유로운 생각 쓰기: 내면의 목소리 듣기. 아래 질문 중 하나를 선택하거나 혹은 스스로 질문을 만들어, 5분 동안 그에 대해 떠오르는 생각을 자유롭게 기록한다. 문법이나 형식에 얽매이지 않고, 의식의 흐름대로 써내려가는 것이 중요하다.
   - ☐ 오늘 내가 만나고 싶은 '나'는 어떤 모습인가?
   - ☐ 나의 '윤슬'은 오늘 어떤 빛을 내고 싶은가?
   - ☐ 만약 오늘 하루가 내 인생의 마지막 날이라면, 무엇을 하고 싶은가?

4. 이 기록은 내 하루의 '선언문'이자 '나침반'이다. 하루를 마칠 때 아침의 기록을 다시 읽어보자. 계획대로 실천했나? 어떤 생각과 감정의 변화가 있었나?

홀로 단단하게, 함께 따뜻하게

책의 첫머리에서 나는 아이의 숙제를 위해 적어주었던 세 단어를 떠올렸다. "자유, 사랑, 정의." 스무여 해 전 끊임없이 되뇌던 그 단어들이 이 책을 쓰는 내내 다시 살아서 꿈틀댔다. 책을 마무리하며, 나는 그 의미를 이렇게 다시 풀어내고 싶다.

우리는 자기 삶에 가해지는 부당한 억압에 "아니요"라고 말할 수 있을 때, 비로소 자유를 향한 첫걸음을 뗄 수 있다. 그리고 그렇게 자유로워진 존재가 타인과 세상에 따뜻한 손을 내밀 때, 그 자유는 충만함으로 확장된다. 자유, 사랑, 정의는 따로 떨어진 가치가 아니다. 서로가 서로를 이끌고 완성하는 하나의 길 위에 놓여 있다. 그 가운데서도 자유는 우리 삶이 가치를 지향하도록 인도하는 가장 근원적인 힘이며, 또한 가장 궁극적인 목적이다.

이 책을 읽는 동안 독자 여러분은 아마도 여러 번 놀라고, 문득 깨달음을 얻었을지 모른다. '내가 이렇게나 자유롭지 않았구나.' 그렇다. 우리는 생각보다 훨씬 많은 끈에 얽매인 채 살아간다. 하지만 나는 이 책을 통해 말하고자 했다. 그 부자유는 결코 오롯이 우리의 탓만은 아니라는 것을. 눈에 보이지 않는 사회의 구조와 규범, 타인의 기준과 내면화된 감시가 우리를 얼마나 교묘히 조이고 있었는지를 말이다.

그러나 내 책임이 아니라는 사실이, 이 삶을 그대로 내버려둬도 좋다는 면죄부가 될 수는 없다. 우리는 이미 알아차렸다. 그렇기에 그 억압의 문을 열고 나설 최소한의 책임은 우리에게 있다. 부디 이 책이 제안한 '실천적 성찰'을 꼭 해보기 바란다. 혼자보다는 몇 사람과 함께 하면 더 좋다. 마지막 장에서도 이야기했듯, 누군가와 손을 맞잡고 걸어갈 때 우리의 자유는 훨씬 더 깊고 단단해진다.

물론, 기록이 만능은 아니다. 하지만 기록은 우리가 잃어버린 삶의 주도권을 되찾는 가장 정직하고 따뜻한 도구다. 자유를 향한 의지를 되새기게 해주는 이 단순한 실천을, 나는 누구보다 아끼고 믿는다.

자유로운 삶을 위해 꼭 덧붙이고 싶은 두 가지 이야기가 있다.

첫째, 자유는 단지 '하지 않는 것'이 아니라 "어떻게 살아갈 것인가?"에 대한 태도의 문제라는 점이다. 그리고 이 태도는 결국 내면을 들여다보는 습관에서 시작된다. 그러나 조용히 눈을 감고 나를 바라보려 해도, 머릿속엔 이런저런 생각이 불쑥 끼어든다. '아이는 학원에 잘 갔을까?' '어제 그 말은 너무 예민했던 것 아닐까?' 내면의 목소리를 듣기란 생각보다 쉽지 않다. 마음속 소음을 가라앉히고, 하나의 생각을 끝까지 따라가보는 힘이 필요하다.

나는 이 힘을 '생각력力'이라고 부른다. 생각을 이어가는 힘, 스스로 사고의 뿌리를 따라 들어갈 수 있는 근육 같은 것이다. 이 힘을 기르는 데 내가 가장 효과적이라 여긴 방법은 '월간 다이어리 쓰기'다. 내가 매일 한 일을 시간순으로 쓰고, 그 순간의 느낌이나 떠오른 생각을 딱 한 줄로 적는다. 아침식사, 점심 메뉴, 저녁 약속 같은 사소한 일까지 빠짐없이 적는다. 그리고 하루 세 번, 점심·저녁식사 전과 잠들기 전에 그 기록을 머릿속으로 천천히 되돌려본다.

처음엔 낯설고 번거롭겠지만, 석 달만 꾸준히 하면 생각의 흐름이 놀라울 만큼 깊고 선명해진다. 그때 비로소 우리는 나 자신을 똑바로 바라볼 수 있는 힘을 얻게 된다. 주어진 현실을 무기력하게 받아들이는 대신, 왜 그런 상황에 놓였는지 질문하게 된다. 알아야 바꿀 수 있고, 알아야 자유로워질 수 있다. 이 점을 꼭 기억해주었으면 한다.

둘째, '함께 공부하기'다. 공부 없이는 자유를 꿈꾸기 어렵다. 세상에는 이미 우리를 더 자유롭게 해줄 수많은 사유의 도구가 존재한다. 이 책에서 다룬 사상가들의 책을 한 권이라도 더 깊이 읽고, 타인과 함께 이야기 나눌 때 우리는 비로소 부자유의 실타래를 하나씩 풀어낼 수 있다. 그 속에 방향이 있고, 실천이 있고, 희망이 있다.

물론 이 또한 혼자서는 버겁다. 세 사람이라도 좋다. 마음 맞는 이들과 함께 시작해보라. 더없이 좋은 방법은, 진심으로 자유를 갈망하는 이들과 연결되는 것이다. 이 책이 누군가의 마음에 '나도 한번 공부해보고 싶다'는 작은 불씨를 지폈다면, 그것으로 나는 충분히 기쁘다.

그래서 나는 내가 운영하는 소모임 '아이캔 모닝 루틴'에 매일 들어오라고 권하고 싶다. 매일 새벽 5시, 수백 명이 줌 화면 앞에 모인다. 각자의 자리에서 서로의 얼굴을 확인하며 하루를 계획하고, 책을 읽고, 공부를 한다. 처음에 낯설었던 얼굴들이 시간이 흐르면 각자의 자리에서 성실하게 빛을 내는 존재로 다가온다. 매일 아침, 그 조용한 기운 속에서 나는 공동체 감각을 피부로 느낀다.

삶이란 흐르는 강물 위에 반짝이는 윤슬처럼, 서로 다른 얼굴들이 함께 빛을 주고받는 풍경이 될 수 있음을 나는 믿는다. 이 모임은 무료로 누구에게나 열려 있다. 시작하고 싶을 때, 조용히 문을 두드려주길 바란다. 나는 그 자리에 오래도록 있을 것이다.

이제, 삶을 바꾸는 작은 실천 하나쯤 시작해보면 어떨까? 자유를 향한 역량을 함께 키워가기를, 진심으로 바란다. 더 이상 자기계발이라는 이름으로 자신을 몰아붙이지 말자. 우리, 자유로워지자. 경쟁의 질서에 휘둘리지 말고, 나답게 살아가자. 그리고 더 이상 기죽지 말고, '당당한 친절'로 세상과 마주하자. 그 속에서 우리는 조금씩, 더 단단한 내가 되어갈 것이다.

(부록)

자유로 가는 행동지침

그렇다면 이 자유의 춤을 추기 위해, 우리는 이 긴 여정의 끝에서 무엇을 붙잡아야 할까? 나는 이 모든 사유와 실천을, 자유로운 삶을 위한 다섯 가지 '행동지침'으로 정리하면서 마무리하고자 한다. 이것은 단순한 마음가짐이 아니라, 당신이 매일의 삶에서 직접 수행해야 하는 구체적인 행동의 원리다.

지침1: 관찰하라, 당신이라는 우주를

우리의 부자유는 대부분 외부로 향한 시선에서 비롯된다. 타인의 기대, 사회의 모범 답안, 비교와 경쟁의 잣대가 내 삶의 주인이 되려 할 때, 우리는 잠시 멈춰야 한다. 그리고 고요히 나를 '관찰'해야 한다. 내가 왜 이렇게 느끼는지, 이 욕망은 어디에서 왔는지, 이 불안의 정체는 무엇인지 묻는 것이다. 이 관찰자의 시선, 즉 '메타인지'는 나를 지배하던 자동화된 생각의 사슬을 끊고, 모든 선택의 주도권을 나에게 되돌려주는 첫 번째 열쇠다.

그러니 멈춰서 질문하라. 지금 이 감정은 어디에서 왔는가? 이 욕망은 정말 나의 것인가? 당신의 하루에 '왜?'라는 질문을 단 한 번이라도 던지는 것, 그것이 관찰자로서의 첫 행동지침이다.

지침2: 기록하라, 당신의 모든 흔적을

관찰을 통해 알아차린 내 마음은 기록될 때 비로소 힘을 갖는다. 기록은 흩어진 생각을 붙잡는 행위이자 보이지 않는 감정에 형태를 부여하는 작업이다. 자기 역사, 연사年史, 관계 지도, 마인드 박스, 모닝 저널에 이르기까지, 이 책에서 제안한 모든 도구는 단 하나의 목적을 향한다. 바로 당신을 당신 삶의 유일무이한 '기록가'로 만드는 것이다. 기록은 과거를 재해석해 현재를 해방시키고 미래를 설계할 수 있는 가장 강력하고 구체적인 자유의 실천이다.

그러니 지금 당장 기록하라. 머릿속에 떠도는 생각을 단 한 문장이라도 종이 위에 붙잡아두라. 거창한 자기 역사가 아니어도 좋다. 모닝 저널의 한 줄, 다이어리의 키워드 하나가 당신을 삶의 저자로 만드는 위대한 첫걸음이다.

지침3: 설계하라, 당신만의 경로를

우리는 구조의 희생양으로 남을 것인지, 구조를 활용하는 전략가로 설 것인지 선택해야 한다. 자유는 제약이 없는 진공상태가 아니라, 주어진 조건과 제약을 정확히 읽고 그 안에서 최적의 방안을 만들어내는 능력이다. SWOT 분석을 통해 나의 강점과 약점, 외부의 기회와 위협을 파악하는 것은, 승리를 위한 전략 지도를 그리는 일과 같다. 마인드 박스로 나만의 판단 원칙을 세우는 것은 어떤 상황에서도 내면의 기준을 잃지 않기 위함이다. 우리는 기록이라는 전략 노트를 통해, 불평과 체념을 넘어 내 삶의 유능한 전략가가 될 수 있다.

그러니 분석하고 설계하라. 강점으로 위협을 무력화하고, 약점을 기회로 전환시킬 구체적인 전략을 세워라. 마인드 박스는 당신의 생각을 가두는 그물이 아니라, 당신이 가고 싶은 문을 열기 위한 가장 현실적인 설계도다.

지침4: 실천하라, 당신이라는 작품을

참된 성장은 계획된 목표 달성이 아니라, 예기치 않은 만남 속에서 '되어가는becoming' 과정이다. 우리는 고정된 존재가 아니라, 매일의 경험을 통해 자신을 새롭게 빚어가는 예술가와 같다. 푸코가 말한 '자기 돌봄'이란 바로 이 창조를 위한 최상의 컨디션을 유지하는 일이다. 일리치가 설명한 '가치 노동'은 이 창조의 시간이 단지 돈벌이가 아닌 의미 있는 항해가 되도록 이끈다. 좋은 책, 좋은 사람, 낯선 경험과의 상호작용을 두려워하지 마라. 그 모든 우연한 만남이 당신이라는 작품을 더욱 풍성하고 아름답게 만들어줄 것이다.

그러니 두려워 말고 실천하라. 당신의 삶을 통해 당신만의 가치를 표현하라. 가치 노동을 통해 일에 의미를 부여하고, 자기 돌봄을 통해 삶의 균형을 맞추는 모든 행위가 당신이라는 작품을 빚어가는 예술 활동이다.

지침5: 연대하라, 더 큰 자유를 위해

고립된 자유는 외롭고 위태롭다. 진정한 어른의 자유는 고독을 기꺼이 감당하되 타인과 건강하게 연결될 때 완성된다. 쿨 트러스트의 원칙 위에서 '적정 규모'의 공동체와 함께할 때, 우리는 비로소 '이타적 개인주의자'가 된다. 나의 성장이 공동체의 성장으로 이어지고, 공동체의 지지가 다시 나의 성장을 이끄는 선순환. 그것은 강물 위에서 저마다의 빛을 내면서도 하나의 거대한 흐름을 만들어가는 '윤슬'

의 모습과 같다. 이 '공동체 감각' 속에서 우리는 가장 단단하고 따뜻한 자유를 경험하게 된다.

그러니 손을 내밀어 연대하라. 당신의 성장을 지지해줄 건강한 공동체를 찾고, 그 안에서 기꺼이 당신의 다정함을 나누라. 쿨 트러스트의 원칙을 기억하며, 나와 타인의 자유가 함께 확장되는 관계를 의식적으로 만들어가라.

이 다섯 가지 태도는 마침내 하나의 지점에서 만난다. 바로 20여 년 전, 내가 아이의 숙제에 서툴게 적어주었던 세 단어 '자유, 사랑, 정의'다. 진정한 '자유'는 나를 바로 보는 관찰자와 기록가, 전략가의 태도에서 싹트고, 그 자유로운 내가 타인을 향해 '사랑'을 실천할 때(예술가) 완성되며, 마침내 그 힘이 공동체와 연결되어 더 나은 '정의'를 향해 나아갈 때(연결자) 가장 높은 차원에서 실현된다. 그것이야말로 우리가 도달해야 할 어른의 자유다. 이제, 이 모든 다짐을 담아 당신의 자유를 위한 기록과 실천을 시작해보라.

(부록)

확장해서 읽기를 권하는 15권의 책

1. 존 스튜어트 밀, 《자유론》, 책세상

   어른의 자유란 무엇이며 그 한계는 어디까지인지 질문하는, 모든 자유 논의의 시작점이 되는 책이다.

2. 에리히 프롬, 《자유로부터의 도피》, 휴머니스트

   자유가 주어졌음에도 왜 우리는 스스로 굴종을 택하는지, 그 내면의 두려움을 마주하게 한다.

3. 어빙 고프먼, 《자아 연출의 사회학》, 현암사

   '사회적 가면' 뒤에 숨은 진짜 나를 발견하고 싶다면 필독해야 할 책이다. 일상이라는 무대 위에서 우리는 어떤 배우로 살아가고 있는지 성찰하게 한다.

4. 미셸 푸코, 《감시와 처벌》, 나남

   학교, 회사 등 우리 일상 곳곳에 스며든 보이지 않는 권력이 어떻게 우리를 '순응하는 몸'으로 길들이는지 그 메커니즘을 폭로한다.

5. 한병철, 《피로사회》, 문학과지성사

   '할 수 있다'는 긍정의 구호가 어떻게 우리를 스스로 착취하게 만드는지, 성과주의 시대의 부자유를 날카롭게 진단한다.

6. 마사 누스바움, 《역량의 창조》, 돌베개

성공의 기준을 '실력'이 아닌 '역량'으로 바꾸며, 인간다운 삶을 위한 조건이 무엇인지 되묻게 한다.

7. 장폴 사르트르, 《닫힌 방·악마와 선한 신》, 민음사

'타인은 지옥이다'라는 유명한 말의 진짜 의미를 곱씹게 한다. 타인의 시선이 어떻게 우리를 규정하고 부자유하게 만드는지 생생히 보여주는 희곡이다.

8. 미셸 배럿·메리 매킨토시, 《반사회적 가족》, 나름북스

가족이라는 이름 아래 행해지는 억압과 희생의 구조를 페미니즘의 시각으로 분석하며, 태어나면서부터 주어진 가족관계의 특성을 돌아보게 한다.

9. 수전 손택, 《타인의 고통》, 이후

타인의 고통에 쉽게 공감하는 것이 과연 윤리적인지 질문하며, 맹목적 공감이 아닌 '성숙한 공감'의 태도를 고민하게 한다.

10. 테오도어 아도르노·막스 호르크하이머, 《계몽의 변증법》, 문학과지성사

인류를 해방하리라 믿었던 '이성'이 어떻게 우리를 억압하는 새로운 도구가 되었는지 통렬하게 고발하는, 우리 시대의 필독서다.

11. 브뤼노 라투르, 《존재양식의 탐구》, 사월의책

'인간과 자연', '주체와 객체'를 나누는 이분법적 사고를 넘어, 모든 것이 얽혀 있다는 새로운 관점으로 우리를 안내한다.

12. 에리히 프롬, 《소유냐 존재냐》, 까치

'더 많이 갖는 것'에 중독된 소유의 삶에서 벗어나, 노동과 삶의 의미를 '존재'의 관점에서 바라보도록 돕는다.

13. 이반 일리치, 《그림자 노동》, 사월의책

월급을 받는 '일' 외에 우리가 대가 없이 수행하는 수많은 숨겨진 노동의 실체를 파헤치며, 현대인의 시간이 어떻게 잠식당하는지 보여준다.

14. 브라이언 헤어·버네사 우즈, 《다정한 것이 살아남는다》, 디플롯

경쟁이 아닌 '다정함'과 '연대'야말로 인류 생존의 핵심이었음을 밝히며, 이타적 개인주의의 길에 과학적 근거를 더해준다.

15. 프란스 드 발, 《공감의 시대》, 김영사

영장류를 비롯해 포유류와 조류 등 다양한 동물의 사회적 행동 연구를 통해, 공감이 진화적으로 깊이 뿌리내린 본능이자 생존과 번영을 위한 자연선택의 산물임을 설득력 있게 입증한다.

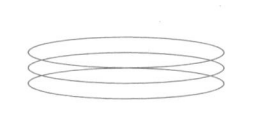